国家自然科学基金/面上项目（71272209）

教育部人文科学研究规划项目（12YJA630170）

湖南省自然科学基金项目（12JJ3081）

供应链优化与决策

杨 宽◎著

世界图书出版公司

广州·上海·西安·北京

图书在版编目（ＣＩＰ）数据

供应链优化与决策 / 杨宽著 .-- 广州 : 世界图书
出版广东有限公司 , 2025.1重印
ISBN 978-7-5192-1295-7

Ⅰ . ①供… Ⅱ . ①杨… Ⅲ . ①供应链管理—研究
Ⅳ . ① F252

中国版本图书馆 CIP 数据核字 (2016) 第 092601 号

供应链优化与决策

责任编辑：张梦婕

责任技编：刘上锦

封面设计：周文娜

出版发行：世界图书出版广东有限公司

地　　址：广州市新港西路大江冲 25 号

电　　话：020-84460408

印　　刷：悦读天下（山东）印务有限公司

规　　格：787mm×1092mm　1/16

印　　张：13

字　　数：200 千

版　　次：2016 年 5 月第 1 版

印　　次：2025 年 1 月第 2 次印刷

ISBN　978-7-5192-1295-7/F·0219

定　　价：58.00 元

前　言

21 世纪以来，随着科学技术与经济全球化的不断发展，很多产业和企业组织已经进入到了一个充满复杂性、不确定性以及竞争性的激烈环境。为了求得生存和可持续发展，企业的生产必须以市场的实际需求为导向，必须不断以更新产品满足客户需求来寻求竞争优势。而供应链中的各企业之间是相互依赖、相互影响的。但是各个企业依旧是市场中的独立经济实体，企业之间仍然存在着潜在的利益冲突。供应链优化与决策就是从全局的角度对供应链上的信息流、物质流以及资金流进行控制和调度，使得总成本最小。这就要求各企业要想在日益激烈的市场竞争中保持生存能力以及竞争优势，不仅要具有敏锐的嗅觉，要能够获取足量的有关市场的准确、全面的信息，并根据市场需求，结合自身情况做出决策，而且必须从企业所参与的供应链中寻求优化，并与链上的其他企业充分合作以实现供应链整体绩效最优和企业利润最大化。

本书将生产库存管理与客户订单解耦点相结合，通过解耦点将客户需求引入到企业内部的生产运用管理中，研究供应链中最优生产—库存计划与最优解耦点的联合动态决策问题。建立了基本的分析模型，并分别分析了在平滑生产模式和零库存生产模式下解耦点存在的条件，并验证了通过该动态模型得到的最优解能够有效地改善供应链管理水平，提升供应链绩效。同时我们研究了在易逝品供应链中，当目标生产—库存水平也满足模型的约束方程时，最优解耦点是与易逝率和产品生命周期的之间的规律。并在引入易逝率和时变需求率的前提下，重点分析了需求对最优解耦点位置的影响。此外，本书通过数值模拟得到最优生产—库存水平随着时间的推移不断向目标生产—库存水平靠近，最终实现生产—库存水平与目标生产—库存水平之间的偏差惩罚成本最小化。另外，本书还对不确定需求环境下异质偏好的供应链优化与协调的相关理论、模型与方法进行了研究，分别为损失规避零售商和内生偏好零售商参与的两级供应链协调提出了决策优化模型以及相应的求解方法。

供应链优化与决策

本书以针对实际供应链管理中遇到的一些问题分别建立了相应模型,并且在每个模型中都详细地介绍了所对应问题的背景,所需的记号和相关的假设条件、模型的求解以及运用的范围,力求读者在阅读本书后即可掌握构建和分析相关供应链优化与决策模型的技术并能运用于解决同类问题。因此本书一方面能为企业决策者在进行供应链管理决策时提供方法库支持;另一方面能为从事供应链管理研究的科研人员和青年学生提供基本的方法和技术。

本书的内容共分为十二章。第1章为绪论,主要阐明供应链优化与决策的研究背景及意义,并整理和总结相关文献,指出了研究的意义。第2章对客户订单解耦点的相关理论基础进行了介绍。第3章建立了一个能够同时决定最优解耦点位置与最优生产—库存计划的动态模型。第4章在第3章的基础上引入了易逝品的概念,建立了基于易逝品供应链的解耦点与生产库存联合决策模型。第5章进一步放松了第4章所建立的模型的假设条件,针对易逝品供应链建立了引入时变需求与易逝率的一般化生产库存与解耦点联合决策模型。第6章阐明已有的供应链优化决策与协调的相关理论。第7章对零售商损失规避时的供应链协调进行了研究。第8章研究了多零售商损失规避时供应链协调问题。第9章研究了内生偏好零售商的供应链协调问题。第10章主要对供应商选择与评价指标体系的构建进行研究。第11章是对供应商综合评价方法的研究。第12章分析了供应商合作与开发及异质偏好决策问题。

本书可作为高等院校管理科学、物流与供应链管理、工业工程、应用数学等专业研究生和高年级本科生的教材或参考书;同时也可供上述有关专业的教师、工程技术人员、研究工作者和管理人员阅读和参考。

尽管本书的研究建立在大量阅读已有学术成果的基础之上,模型构建和理论推导过程尽量合理缜密,但由于编者水平有限,对于研究方法和工具的运用以及知识的积累还有待提高。其中的错误及不当之处在所难免,敬请广大读者谅解,并欢迎各位批评指正!

杨 宽

2016 年 3 月

目　录

| 第1章 |

绪　论

1.1 研究背景及意义

1.1.1 研究背景

近年来，日益加剧的全球化竞争、技术的快速发展和越来越高的客户需求使企业所处的运营环境变得越来越复杂和不确定。经济全球化使得客户驱动的细分市场正变得更加国际化、动态化而难以预测。

市场的需求是时刻变化的，波动性是其显著特征。为了满足时刻变化的、波动的需求，企业需要具有大规模生产能力，具有高生产率，具有足够的灵活度可以在最短的时间内调整生产以适应市场需求。库存是连接生产和需求的中间环节。生产对市场需求的变动具有滞后性，根据生产来调整库存可以弥补这种滞后性、规避信息不对称引发的市场风险、减小企业的损失，这在企业的运营中具有极其重要的作用。但是库存也是一柄双刃剑，库存在一定程度上减小时间风险的同时又具有较高的成本，若不能设置合理的库存量，则很有可能使得库存的成本大于规避掉的企业损失，企业还是会遭受净损失。

在产品的生产和配送系统中，客户订单代表不确定需求的集合。当这些订单沿供应链向上游传递时，时常因为中间阶段的行动和决策而延迟或扭曲，产生需求放大现象，即"牛鞭效应"[1-2]，使供应链因库存过剩或报废而导致成本增加。为了减轻需求放大效应和不确定性的影响，供应链必须具有实时需求可见性。这种实时需求向供应链上游渗透的点称为客户订单解耦点（Customer Order Decoupling Point，CODP），亦简称解耦点（Decoupling Point，DP）。Jeong（2011）认为解耦点的作用是将满足客户订单的部分供应链同基于平滑计划生产的部分供应链分开，使在物流附加值活动中有关确定的客户需求下所作的决策同不确定性下所作的决策分离[3]。一方面，解耦点是一种应对不确定性的战略库存点。另一方面，解耦点也称为延迟战略中的产品差异化点。延迟是一种基于公共平台、零件或模块来寻求产品设计，直到知道最终的市场目的或客户要求时才发生最终装配或定制的原理。它的战略意图在于通过把产品差异化点移动到更接近于终端用户和增加产品之间的通用性和模块化设计，以减少零售商面临的库存短缺风险或持有太多不需要产品的库存过剩风险。例如，惠普针对多个国际市场的桌面喷墨打印机，重新设计产品或工艺以延迟差异化决策，能达到缩短提前期和降低安全库存，从而显著地节省供应链成本[4]。

随着顾客需求越来越多样化，人们的偏好很可能在较短的时间内发生较大的变化，从而导致产品生命周期缩短，更新换代的速度加快。现实中，大多数产品都会由于产品本身的特性或目标消费群的偏好等，随着时间的流逝其功效或价值将快速下降。传统的库存理论把库存的减少归结于消费者对商品的需求，而往往忽视商品变质腐烂和失去市场价值的情形。一方面，现实生活中存在着大量的易变质商品，例如水果、蔬菜、牛奶、生鲜、药品、鲜花等，它们的变质率往往是非常高的，这对于做出正确的生产和库存策略有不可忽视的影响。谢如鹤和刘霆（2014）的数据显示，目前我国的易腐性食品在流通过程中造成的各种损耗非常大（水果、蔬菜采后的损失高达35%，肉类及水产品达10%—15%，每年易腐性食品采后的各种损耗之和高达千亿之巨[5]）。而Wong等人（2015）的研究表明在美国由于处理及时得当，其蔬菜在加工和运输的损失率只有1%—2%[6]。由于多数超市生鲜食品的损耗占销售额的比重达10%—15%，有的甚至更高，它将直接影响企业的经营业绩。另一方面，随着消费者的需求多样化发展，企业的产品开发能力也在不断提高。目前，国内外新产品的研制周期大大缩短，而且这一趋势还在不断加强。这一变化使得商品随储存时间的推移逐渐失去经济价值，如时装服饰、图书、电脑配件及手机等电子消费品。这些数据与现象显示，"易逝"已经成为商品的典型属性。

随着行为金融学的不断发展，在风险条件下，供应链的决策者因个体认知方式及情感判断的不同，不可能总以理性同质的态度做出决策。而是根据自身的内在偏好做出相关决策。作为决策者的主要特征，偏好在决策者之间的异质属性才是解释个人行动的关键要素。Campall（1999）将投资者由于内外部条件的差异形成的异质分为四类：异质偏好、异质约束、异质收入和异质信念，这些异质最终导致异质决策与理性同质假设的差异[7]。所谓异质偏好，就是指主体决策者对于其决策结果具有不同的偏好，通常都是用不同的效用函数来对其偏好进行描述。当然，衰减系数也能够成为偏好结构的组成部分。因而，异质偏好既能指不同的效用函数，还能通过不同的衰减系数来表示。

1.1.2　研究意义

随着"变化"成为 21 世纪商业时代最鲜明的特点，企业的生存和发展变得越来越困难。一方面，顾客需求的个性化趋势越来越明显，其对企业内部运营管理的影响也越来越深。如何满足多样化的客户需求已经成为所有企业必须面对的关键问题。另一方面，产品的生命周期越来越短。经济全球化使得市场竞争日趋激烈，顾客的选择增多，对产品的个性化要求也随之提高，企业需要不断地更新产品以适应不断变化的市场需求。这些变化使得制造企业不再是供应链中的主导者，市场环境正从"生产推动式"转向"订单拉动式"。

解耦点是客户实时需求向供应链上游渗透的点，是"推动（push）"和"拉动（pull）"的分界点，也是效率和柔性响应之间的平衡点。解耦点的作用是将满足客户订单的部分供应链同基于平滑计划生产的部分供应链分开，使在物流附加值活动中有关确定的客户需求下所作的决策同不确定性下所作的决策分离。一方面，解耦点是一种应对不确定性的战略库存点。另一方面，解耦点也称为延迟战略中的产品差异化点。生产库存管理与客户订单解耦点定位联合决策，能够在考虑客户需求的前提下对内部的生产库存等运营行为进行优化，从供应链全局的角度出发平衡生产库存成本与客户服务水平，实现供应链的整体优化。

基于供应链环境的生产库存控制是实施供应链管理的企业所关注的主要内容。不论企业在供应链中处于哪个环节、处于何种位置，都涉及到库存及库存控制策略问题。库存以原材料、在制品、半成品、成品等形式存在于供应链的各个环节。而直接影响库存的就是生产和需求。通过解耦点的定位，能够实现生产、库存和需求的最佳协调。在解耦点上游，采用基于精益生产或面向库存生产的模式，提高生产效率，降低生产成本；在解耦点下游，采用敏捷供应模式或面向订单制造，提高顾客响应速度，增加供应链柔性。这样，通过解耦点沿供应链的定位选择，把精益性和敏捷性整合到产品的供应链设计中，可以最大化对客户期望变化的响应速度和获得更多的敏捷性，同时最小化供应链成本。

大多数商品由于自身的属性或者目标消费者偏好的变化，其使用价值或市场价值会随着时间的推移而快速下降，这类商品称为易逝品。在易逝品供应链中，客户需求是影响最优解耦点位置的关键因素之一，同时也是企业生产的导向。需求的显著特征是不确定性与动态性，这大大增加了需求预测的难度。需求预测不准确是生产与需求不匹配、库存居高不下的根本原因。在解耦点的下游阶段，产品因受市场订单拉动而品种多、需求波动幅度大；而在解耦点的上游阶段，产品受预测推动而订单波动幅度比较小，且多以原材料、普通零部件或模块形式库存。战略库存的合理定位一方面可以满足终端客户的提前要求，实现快速顾客需求响应；另一方面可以规避高库存带来的资金占用风险，减少易逝品使用价值和市场价值降低带来的损失。在易逝品供应链中，为了响应客户需求的不确定性、保持供应链盈利水平，有必要在供应链中适当地设置解耦点，以便为波动的市场单个地提供产品或服务，从而最小化整个供应链成本。

供应链是由多个利益相对独立的企业组成的复杂网络体系，当各个企业都试图最大化各自的利润，以自身利益为目标时，供应链整体的利润就会受到损害，整体绩效就会处于次级目标，即出现了"双重边际效应"。双重边际效应是导致整体供应链效率低下的一个根本性原因，供应链管理的一个重要目的就是实现供应链的协调运作，使其整体绩效最大化，并使供应链与各企业达到双赢的效果。因此，供应链优化与协调的研究对于协调供应链成员相互协作，形成供应链整体优势具有重要理论和实际意义。但是，在实践中供应链的优化和协调是很困难的，特别是在存在风险的条件下。因为，首先，供应链中每个参与者的动机目标和风险偏好都是不一样的，他们的利益需求都存在着差异，这就导致在利益分配和风险承担的问题上出现矛盾和冲突。任何矛盾和冲突在没有得到解决的情况下，都会影响各个企业的合作意愿和博弈行为，进而影响供应链的整体稳定和效益。其次，在经济全球化的背景下，在社会经济不断增长的前提下，消费者的需求日益个性化，供应商的供应能力也在发生改变。任何企业都是处在不断变化的状态之中，供应链也是如此，是一个动态系统，随时间不断变化。因此，保持供应链合作稳定的一个核心问题便是建立公平合理的利益及风险分配机制，这就需要深入研究供应链风险管理理论。

在风险管理理论研究中，多年的研究成果表明基于同质信念假设分析结果并不符合现实实际的经济活动。随着行为金融理论的发展，主体决策者的异质偏好模型成功地解释了大量市场中传统经典金融理论不能解释的现象。这也充分体现了研究具有异质信念决策者的管理理论具有巨大的现实意义和价值。在金融经济学理论与实践的领域中对于行为金融的研究，特别是对异质决策者风险偏好的研究都取得了丰硕成果。然而，金融领域中的决策者行为和供应链中决策者的异质偏好行为各具其特点。通过结合在供应链中各决策主体的异质偏好特征，将行为金融理论和框架进一步应用于供应链风险控制和优化协调的策略选择之中，这是值得深入研究的问题。对决策主体具有异质偏好行为的供应链优化与协调的问题研究不仅对于我国物流市场基本特征的理解具有很大的帮助，而且还对物流市场上不断出现的未解之谜提出了合理的解释。因此，研究我国决策者具有异质偏好行为下的供应链优化与协调问题则具有重大的理论价值和实际意义。

1.2 相关文献研究进展

1.2.1 生产库存管理的研究现状

生产库存管理对于企业的成功起着至关重要的作用。Paul 等人（2014）认为，生产库存管理是指对企业生产、经营全过程的各种原料、半成品、产成品以及其他资源进行管理和控制，使其保持在经济合理的水平上[8]。日益激烈的竞争迫使企业寻找一种更高效的运营模式，在追求成本最小化或利润最大化的同时以最快的速度满足顾客所需要的产品和服务。生产库存的优化问题引起了国内外学者的广泛关注。

最经典的库存模型就是 EOQ 模型。该静态模型假设需求率是一个常数，并且假设安全库存是订购批量的一半。通过 EOQ 模型可以求得企业的经济订购批量，此时企业可以实现订货成本和库存成本总和最小。经典的 EOQ 模型是根据销售系统指定的库存模型，该模型不考虑缺货的情况，认为补给是瞬间完成的。然而现实生活中生产系统的生产速度是有限的，补给也往往不是在需求发生的瞬间完成的。于是许多学者如 Rau 等人（2003）以及 Manna 等人（2006）把经典的 EOQ 模型扩展到研究有限补给速度的边生产边需求的生产库存管理，即生产库存模型[9-10]。

侯玉梅（2003）针对一个由单一生产车间和单一库房组成的生产—库存系统进行了分析，建立了以费用最小为目标函数的生产—库存模型，通过排队论得到了该系统的马尔科夫过程的无穷小生成元，并基于此得到了最优控制变量的算法[11]。Gharbi 和 Kenne（2000）利用马尔科夫模型研究了订单对产品流动的影响[12]。Anli 等人（2007）研究了以服务水平和交货时间为约束条件的非线性生产库存模型[13]。Cormier 和 Rezg（2007）通过建立生产库存模型提出了一个联合生产计划，然而该模型中的费用函数是通过对一个特定的生产率集合进行数值模拟得到的，由于每个周期内的费用是一个经验值，因此最后得到的解析解不一定是最优的[14]。因而在此基础上 Cormier 和 Rezg（2009）进一步把产品需求、库存成本、缺货成本以及基于机器统计寿命的折旧成本结合起来，同时得到了企业的最优生产计划和维护策略[15]。

生产商—销售商联合生产库存决策问题是学者广泛关注的问题，尤其值得一提的是 Goyal 针对这个问题发表的一系列高水平的论文。早在 1977 年，Goyal（1977）就对生产商—销售商联合决策的生产库存问题进行了研究，并提出了著名的联合经济批量（JELS）模型[16]。此后 Goyal（1995）进一步对"边生产边供货"的模式进行了探讨，并改进了"等批量订货"的策略，基于订货量"按比例 P/D（production lead time/delivery lead time）多次递增"的假设，研究了一个供应商多个销售商的联合生产库存模型[17]。Hill（1997）针对 Goyal 的文章进行研究后认为，"等比例策略"的合理比值应该在 1 到 P/D 之间[18]。因此，Goyal（2000）进一步对模型进行了改进，并提出了"第一次小批量，后面的等批量"策略以及"等比例修正"策略[19]。这一系列模型的建立和策略的提出为生产商—销售商联合生产库存决策提供了重要的依据。然而，Zhou（2007）指出这一系列供销联合生产库存决策模型中假设在同一生产周期内任意连续两次的订货批量之比相同在实际情况中通常不成立[20]。因此，王圣东（2006）在放松这一假设的基础上建立了单供货商与多销售商的联合生产库存模型，针对模型设计了求最优生产和供货策略的算法，并通过实际算例证明该模型的优越性[21]。熊浩和孙有望（2012）进一步放松了王圣东在研究该问题时所提出的随机订购策略的模型假设的条件，通过对生产商—销售商联合生产库存系统的几何特征进行分析，建立了基于库存几何特征的最优订购策略模型[22]。Viswanathan 和 Piplani（2001）建立了一个单一供应商多零售商的供应链管理模型，在假设各个零售商的补货周期相等且为固定常数的基础上分析了协调库存管理对生产商、零售商以及整个供应链绩效的影响[23]。Yang 等人（2007）以合作库存总成本最小为目标提出了一个供应商—销售商联合库存决策方法[24]。Chang（2014）以供应链总成本最小为目标对一个两阶段易逝品供应链进行了分析，提出了最优的联合生产—库存模型[25]。值得指出的是，许多的研究者在研究生产库存模型时往往将供应链系统简化成一个只有供应商和零售商组成的系统，很少有研究针对三级或者多级供应链系统进行研究。

传统的生产库存控制模型是通过微分方程来表示的，然而这些模型大部分忽略了生产库存系统固有的动态性和不确定性。因此一部分学者提出将模糊控制理论引入到生产库存管理中，通过随机控制理论寻找该动态系统的最优策略。两个早期值得一提的基本模糊控制系统是 Mamdani 模糊控制系统[26]与 Takagi‐Sugeno 模糊控制系统[27]。这两个系统根据不同的模糊控制原则建立变量之间的关系并构建模型，用于研究企业的最优生产库存策略。Hsieh（2002）将模糊控制理论引入到传统的生产库存模型，但是没有考虑缺陷品和缺货等因素对最优生产率和库存成本的影响[28]。因此 Chen 和 Chang（2008）在此基础上加入了缺陷品的概念研究生产库存管理问题[29]。Lee 和 Yao（2008）通过三角形模糊性描述了生产率和需求率对生产库存系统的影响[30]。李群霞和张群（2011）利用梯形模糊数将环境的不确定性加入到理论模型中，在同时考虑缺陷品和缺货的情况下建立了一个以生产库存成本最小为目标函数的生产库存模型[31]。研究结果表明，将模糊集理论引入到生产库存模型研究中能够有效地解决环境的不确定性。Qin 等人（2011）在 Liu 的基础上将一个模糊控制理论引用到具有白噪声序列的动态生产系统中，建立了一个非线性二次动态模型，通过模糊控制理论求得最优的控制策略，并基于有限和无限时域提出了该生产计划模型的经济解释[32]。

1.2.2 生产库存模型的影响因素

1.易逝品

关于易逝品的含义，学术界至今没有一个明确的概念。在较早的研究中，易逝品仅仅是指随着时间的推移而发生变质从而降低其使用价值的商品[33-34]，如鲜花、药品、生鲜产品等。然而 Sana 和 Goyal（2004）以及 Ghiami 和 Williams（2015）等人指出，随着产品更新换代的速度越来越快，消费者的需求和偏好也变化得越来越快，大多数商品的价值会随着目标消费群体偏好的改变而快速降低[35-36]，如电子产品、时尚产品、快速消费品等。目前大多数学者将上述两类产品都认为是易逝品，其范围扩大到随着时间的推移使用价值或者市场价值有明显降低的商品，这一观点也越来越被学术界认可。

最早将易逝率引入到生产库存模型中的是 Ghare 和 Schrader（1963），他们发现易腐品的库存量与时间有关且呈负指数衰减，并基于这一发现得到了经典的易逝品 EOQ 模型[37]。此后，关于易逝品的研究得到了越来越多的学者的关注，如 Li 等人（2010）、Sarkar（2013）等，他们针对确定性需求、随机需求，常数易逝率、时变易逝率，两级供应链、多级供应链，不完美生产库存管理等方面进行了大量的研究，极大地扩展了易逝品的生产库存理论[38-39]。

易逝品生产库存模型的研究是从确定性需求和常数易逝率开始研究的[40]。然而实际生活中，需求率受到许多因素的影响而不是一个固定的常数，不同产品的易逝率也不同。因此，许多学者对最初的模型进行不断改进，使得其更加符合实际情况。如 Taylor（2000）研究了基于销售商订购数量的目标折扣（Sale Rebate）问题[41]。曹宗宏和周永务（2008）从供应商的角度对数量价格进行了分析，基于供应链协作的数量折扣定价策略提出了使系统完美协调的折扣契约[42]。Liao 等人（2000）研究了在允许延期支付的情况下通货膨胀对需求和价格的影响，得到了最优补给周期和订货量[43]。Chang（2004）建立了信用延期支付政策下的库存模型，当零售商的订货量超过优惠最低限度时允许其延期支付，分析了优惠最低限值、订货成本、通货膨胀率对最优解及相关成本的影响[44]。Chung 和 Lin（2001）假设计划周期内连续两次订货的时间间隔相等，研究了需求率和易逝率为常数的易逝品生产库存模型，利用 Newton-Raphson 方法等到了模型的最优解，并通过数值模拟对最优订货策略进行了参数灵敏度分析[45]。由于资金的价值随着时间在不断地发生变化，因此，Chung 和 Liao（2006）认为生产库存计划中必须考虑资金的时间价值。他研究了零售商提前预付下的价格折扣策略，并增加了资金时间价值的因素，建立了易逝品库存模型，得到了零售商的最优支付时间和最优订购策略[46]。

Hsieh 和 Dye（2013）指出，在以往的研究中，易逝率往往作为一个外生变量引入到模型中[47]。他们认为易逝率应该引入到易逝品生产库存模型中的控制中。因为公司可以通过在保鲜技术上的投入降低易逝率，因而他们将技术投入与生产策略均作为控制变量引入到易逝品生产库存模型中，基于时变需求建立了以成本最小为目标函数的动态非线性混合决策模型。并通过粒子群算法得到了最优生产策略、最优订购周期和订购量以及最优技术投入水平。Jong 和 Wee（2008）在准时制生产的模式下研究了单一供应商、单一零售商和多个运输商组成的供应链，提出了一个针对易逝品的最优生产库存策略[48]。Hsu 等人（2010）考虑了企业在易腐品保鲜技术上的投入，建立了一个动态库存模型用于决定零售商的最佳订购周期和最优技术投入水平[49]。Yang 等人（2010）研究了指数衰减易逝率写的最优生产库存模型[50]。然而，很少有文章针对一个三阶段供应链研究基于时变易逝率的情况下的最优生产库存计划和订购策略。因此 Wang（2013）等人针对一个由供应商、分销商和零售商组成的三级易逝品供应链，分析了不同易逝率情况下的供应链绩效，并研究了补偿策略下的最优合作库存量及订购周期[51]。Sarkar 和 Sarkar（2013）研究了具有时变需求率和易逝率的库存模型的最优解[52]。

2. 时变需求

需求是企业生产的导向，然而实际需求往往是随机的动态的，这大大增加了需求预测的难度。需求预测不准确是生产与需求不匹配、库存居高不下的重要原因之一。一方面，企业必须提前生产并储存一定的库存量以便快速满足消费者的需求。另一方面，在制品和产成品的增多会造成储存成本、管理成本的上升，同时也会减少企业的流动资金，增加资金占用风险。由此可见，准确的需求预测是制定有效合理的生产库存计划的关键因素。因此，有必要把需求的随机性纳入到生产库存的优化问题中。

在较早的研究中，Wee 和 Wang（1999）将需求函数表示成时间的一般化函数，在易逝率和需求率均为常数的前提下，建立了有限时域内的可缺货生产库存模型，通过最优控制理论得到了各生产周期内的最优生产库存方案，并分别给出了指数型需求函数和线性需求函数下的模型求解启发式算法[53]。Kllanra 和 Chaudhuri（2003）假设需求是时间的二次函数，利用启发式算法寻找最优的生产库存策略[54]。Teng 和 Chang（2005）认为需求率会受到价格和库存等因素的影响，如货架上一定的货物量会袭击顾客的购买欲，但是过多的存货又会让消费者产生该产品滞销的负面影响[55]。因而库存量应该控制在使消费者不至于产生负面影响的范围内，即既不允许缺货也不能存货过多。在假定需求函数是价格的非负减函数的前提下，研究了易逝率和生产率均为常数时的生产库存模型。通过优化价格、期末库存和生产周期，得到了两种不同参数情况下的最优解。进一步进行数值分析的结果表明，库存对需求的影响程度越大，最优的生产时间、停产时间、销售价格和平均利润也越大。赵宇婷和杨毅（2012）通过对一般需求函数和时变需求函数进行对比分析，建立了生产库存管理的优化模型，分别得到了一般需求函数下的普通最优解以及时变需求下的长期稳定最优解，为企业生产库存管理的实际控制和优化过程提供了指导意义[56]。

Dye（2006）将一般的常数需求函数改进为关于时间的凹函数，并将采购成本和销售成本均纳入到总成本的计算中，建立了以总成本最小为目标函数的动态生产库存模型，并提供了最优生产库存策略以及最优补货周期的简单算法，通过数例分析了与需求有关的参数的性质[57]。Wang（2002）认为以往允许缺货的生产库存模型中忽略了一个关键的问题，即因为生产导致的缺货程度越大，等待时间越长，库存的积压率会越小[58]。此外，因为缺货而导致的销售损失应该纳入到成本中，因为缺货而导致的消费者满意度下降实际上就是利润的减少。根据以上观点，他提出了基于时变需求函数和允许缺货和部分挤压的生产库存模型，得到了最优的生产库存策略和补货策略。Zhou（2003）研究了一个拥有多个存储单元（一个自有，其余租赁）的生产库存模型[59]。该模型假设自有存储单元允许缺货，并认为需求是时间的连续增函数，但需求率随着时间的推移而下降。作者给出了最优补货周期和订购策略的算法，并针对完全不允许缺货和全部缺货两种特殊情况进行了讨论，通过数值模拟对模型的参数进行了分析。Maihami 和 Kamalabadi（2012）提出了一个价格与库存联合控制的动态模型，建立了与时间和价格相关的需求函数[60]。研究的目的是同时确定最优销售价格、最优补货策略以及最优订购批量从而使目标利润最大化。研究结果表明，最优销售价格和最优补货周期存在且唯一，利润函数是销售价格的凹函数，并给出了相应的求解算法和数值模拟分析。

1.2.3 客户订单解耦点的研究现状

客户订单解耦点是"基于预测"的生产活动和"基于订单"的生产活动的

分界点。从供应链的上游到解耦点是"生产推动式"，而从解耦点到最终客户是"需求拉动式"。因此解耦点也称作基于预测的"面向库存生产"（Make-to-Stock，MTS）和响应客户需求的"面向订单制造"（Make-to-Order，MTO）的转换点。客户订单解耦点的定位模型可以分为两大类，一类是基于经验和实证分析的概念模型，一类是基于数理分析的数学模型。

1. 概念模型

随着供应链管理的研究不断深入，学者们对现实生活中的各种供应链进行了研究，总结出不同的供应链模式。例如 DELL 的定制供应链、福特的大批量生产、丰田的精益生产、Zara 的敏捷制造、MTO、MTS 等。为了解释这些现象，孙新宇（2005）等人从解耦点的角度出发，对不同的供应链模式进行了总结。分别从资产专用性、顾客需求多样性、创新性和交货期四个方面对解耦点在供应链模式中的作用进行了分析，并提出了基于客户需求的制造模式细分方法[61]。许悦等人（2011）分析了精敏混合供应链的相关概念及其研究现状与研究方法，指出从供应链上游到解耦点应当采取精益生产的模式，而从解耦点到下游客户应该采用敏捷制造的模式，并将现有的方法归类为横向和纵向两大类，分析了精敏混合供应链解耦策略和其方法模型[62]。张宝洲（2006）基于大规模定制的生产模式对解耦点前后物流服务模式及需求的不同进行了研究，并分析了精益性和敏捷性供应链的内涵与区别[63]。徐宣国等人（2006）指出解耦点的定位是一个涉及供应链上下游各成员的群体决策过程，由于各成员的角色和利益不同，难免会产生冲突，因而对解耦点定位的过程以及冲突产生的原因进行了分析，并给出了基于供应链协调的解耦点定位模型[64]。Kundu 等人（2008）提出了基于知识和经验管理的方法，认为供应链效率与市场需求相互影响，好的供应链效率如快速订单满足能够刺激市场需求[65]。通过对供应链运作效率的实证分析，得到当订单数量增多、产品生命周期延长以及单位运输成本下降时，解耦点应该向供应链上游移动。Van Donk（2001）针对食品供应链研究了解耦点的定位模型[66]。Yanez 等人（2009）针对木材供应链提出了一个基于生产计划系统的最优解耦点算法[67]。

Choi 等人（2012）对一个汽车制造商的全球供应链案例进行实证研究，对不同解耦点位置产生的成本、顾客效应速度与供应链效率等指标进行了分析，并通过动态数据模拟得到解耦点的定位对全球的运营策略以及供应链的总成本和效率有重要影响，同时指出在发达国家采用延迟策略具有更加显著的效果[68]。Olhager（2010）对解耦点在价值链中的影响进行了分析，通过对解耦点不同位置对供应链价值产生的影响以及解耦点的上下移动所产生的影响进行研究，总结了解耦点在实际应用中的价值[69]。Olhager 和 Prajogo（2012）收集了 216 家澳大利亚的公司数据，并将这些公司分成 MTS 模式和 MTO 模式两大类。对这些公司内部和外部运作效率以及供应链整体效率等指标进行分析[70]。研究结果表明采用 MTO 模式能够有效促进供应链一体化，但是对精益生产效率和生产合理化没有明显效果；而采用 MTS 模式刚好相反，MTS 模式能够有效地改善企业的内部生产效率和合理化程度，但是对供应商的物流一体化无明显帮助。Kramarz 和 Kramarz（2014）针对一个基于优势资源竞争的供应链网络，在考虑供应链弹性和延迟差异化的基础上，提出了一个以减少物流成本、增加顾客服务水平和创新能力的理论模型[71]。Pahl 和 Voß（2014）通过实证研究对受到产品生命周期约束的易逝品供应链生产库存计划进行了分析[72]。Purvis 等人（2014）对来自英国的两个时尚品供应链网络进行了实证分析，从供应链柔性和资源弹性两个角度研究了供应链网络中的多解耦点定位策略[73]。

2. 数学模型

Olhager（2003）提出了一个需求按照 P/D 增长的时变需求模型。研究结果指出，当需求的波动较小时，应该采取 MTS 策略，而当需求波动增大时，应该更多地采用 MTO 策略[74]。Gupta 和 Benjaafar（2004）建立了以服务水平为约束方程，以库存成本和生产计划再制定成本最小为目标函数的数学模型，并通过启发式算法得到了最优解耦点的位置[75]。Soman 等人（2004）指出解耦点的定位与生产计划、库存计划以及运营策略密切相关[76]。在一个 MTO-MTS 模式混合的供应链系统中，安全库存的数量、设备的产能、订单的接受率以及产品的生产流程等都会影响最优解耦点的位置。然而将这些因素同时纳入考虑范围会使得模型变得非常的复杂，因而 Soman 等人提出了一个分阶段的解耦点定位策略。Jammernegg 和 Reiner（2007）认为库存的减少一定程度上会增加客户响应时间，在此基础上研究了一个三阶段供应链网络的最优解耦点定位模型，并通过随机模拟对最优解进行了分析[77]。Sun 等人（2008）研究了物料在供应链网络中移动的对解耦点定位模型，其目标是在满足顾客要求的配送水平的前提下使整个供应链的库存成本、缺货成本以及资金占用风险成本最小，该模型通过 0—1 整数规划对供应链网络中的解耦点定位进行了分析[78]。张以彬和陈俊芳（2008）应用排队论建立了一个以订单完成时间最小为约束条件，以成本最小为目标函数的优化模型，并利用遗传算法进行数值模拟得到了创新产品供应链中的最优解耦点定位策略，改进了供应链的绩效[79]。王凤和林杰（2009）认为不同属性的产品应该设置不同的客户订单解耦点策略，通过对产品属性和企业订单的分析，基于大规模定制生产模式对解耦点的定位模型及算法进行了研究[80]。

Jewkes 和 Alfa（2009）研究了一个供应商按照 MTS 模式生产半成品、制造商按照 MTO 模式生产产成品的生产库存系统，由供应商决定加工的数量和配送时间，以及最优的 MTS 与 MTO 分界点，从而在供应链总成本最小的前提下最大程度地满足顾客需求[81]。研究结果表明，产品差异化延迟能够有效地帮助制造商平衡订单延迟成本和与无效产品成本。Jeong（2011）提出了一个动态模型用于同时决定最优解耦点的位置以及最优的生产策略。Teimoury 等人（2012）针对一个多产品多阶段的供应链进行了分析，且最优的订单分离点由制造商而非供应商决定，用于平衡订单延迟成本、库存成本和无效产品成本。通过运用启发式算法得到了模型的最优解，并利用数字算例对参数的灵敏度进行了分析[82]。Zhou 等人（2013）指出合理地利用延迟策略一方面能够快速地满足消费者的需求，另一方面能够有效地降低产成品的库存成本和资金占用风险，建立了一个总成本最小为目标函数的模型以确定最优的预测—订单分离点[83]。Guillaume 等人（2013）认为供应链模式的选择取决于解耦点在供应商和客户之间的位置。在假设顾客的选择是按订单生产或按订单设计，而供应商的生产方式是按库存生产的基础上，建立了一个模糊控制系统，将顾客需求的不确定性纳入到最优解耦点的设计中[84]。Qin 和 Geng（2013）指出延迟策略成功的关键在于客户订单解耦点的合理定位，为了在采用延迟策略的同时使得生产成本最小,建立了一个基本的动态模型讨论不同解耦点位置的影响,并对该模型进行扩展,以生产库存总成本最小为目的对最优解耦点的定位进行了分析[85]。

1.2.4 供应链风险环境

供应链在实际运作过程中,充满了很多不确定因素,经常会遇到各种各样的突发事件,如机器故障、原材料短缺、需求波动、原材料价格变动等,使得供应链不能按照原先制定的计划运行,供应链的整体协调也被打破,甚至影响各自企业的生存发展。

供应链是一种包含供应原材料的供应商、生产产品的制造商、销售产品的分销商和零售商在内的、通过上下游成员的协调合作共同完成从原材料供应直到最终产品销售的一系列过程的网络系统。对于供应链风险环境的研究,首先要了解其风险来源并对其进行分类。对此,已有不少学者进行了相关研究,其代表性的观点有以下几点:典型的供应链主要是以他们所处外部环境的复杂性以及其运作过程中固有的不确定性为特征,着重于供应链内外环境的复杂性及不断变化给供应链带来的风险[86];韩东东、施国洪、马汉武同样着眼于供应链的内部环境,认为从供应链的内部环节上供应链风险主要来源于供应环节的不确定性、生产过程的不确定性及客户需求的不确定性这三个方面[87]。之后有学者对供应链内外部环境导致的风险进行了分类:刘露、施先亮把供应链风险来源的内外因素分为自然环境和社会环境[88]。赵晶、郑称德同样从供应链内外部两个角度对造成供应链中断的风险要素进行了分析,主要通过 PEST 分析结构,分析了外部要素的政治(Political System)波动、经济(Economic)波动、社会(Social)问题诸如自然灾害、疾病及战争;内部要素的技术(Technological)问题诸如供应链的结构等对供应链的影响[89]。除供应链内外部角度之外,大量的学者也从其他角度分析了供应链风险产生的来源:马士华等(2003)和张涛等(2005)都从运作主体管理的角度,即顾客、生产商和供应商三个方面研究了供应链的风险[90-91]。Tang 根据运作风险管理的角度,即供应管理、产品管理、需求管理和信息管理四个方面分析了供应链的风险[92]。李晓英、陈维政（2003）就对造成供应链风险的因素做了较为详细的研究分析，得到了以下四种引发供应链风险因素：系统约束和系统内耗产生的系统风险；由供应链中道德风险和逆向选择而导致的信息风险；供应链中各企业的成机会主义行为和有限理性导致的管理风险；由于对消费者需求预测、识别的准确度产生偏差所造成的市场风险[93]。其次，在分析了供应链风险来源之后，要对其风险特点以及如何应对风险有所了解。对此，也有大量的学者进行了相关的研究。卢雅琪、陈剑辉等都利用 Stackelberg 博弈模型研究了原材料的价格风险通过生产商向下游零售商传递的利润风险和价格风险，并由此得出了价格风险在供应链中会沿下游方向逐渐减弱的结论[94-95]。Prater 等（2001）通过案例分析研究得到，在不断变化的国际商业环境中，即使客观上要求一种很高程度的敏捷性，但有时企业必须根据环境要求降低敏捷性，因为敏捷性的增加会导致复杂性和不确定性程度增加[96]。Trkman P 和 Mc Cormack K 重点研究了如何在波动的环境中通过一定的技术来选择恰当的合作伙伴以便减小供应链风险[97]。Fisher（1997）研究得出可以通过缩短提前期和增加供应链柔性来降低供应链风险[98]。Small等（1996）指出导致制造业失败的主要原因是商业环境中的不确定性，而且认为致力于找到一种完全消除风险的方案是不切实际的[99]。

近年来，不少学者还以供应链契约作为切入点来研究了供应链的不确定性。Tsay 等（1998）分别在确定性需求和随机性需求这两种情况下，定性分析了供应链的状态[100]；Lariviere（1998）则在只考虑了随机性需求的情况下，定量分析了供应链的状态[101]；Cachon（2003）通过对以往供应链契约研究进行综合分析和探讨之后发现，通过契约来协调供应链是会经常失败的，且在制定某契约的过程中没有对其进行充分探索的目标和标准是导致协调失败的一个很重要原因。实际上，这同样是供应链契约中存在大量风险的问题[102]；之后Tang（2006）分析归纳出供应链契约中的各种风险，特别指出了数量折扣、回购、批发价格、收入共享四种契约中的需求不确定性问题及价格风险问题[103]。除此之外，还有很多学者从供应链系统的角度探讨了供应链风险，并且得出大多数供应链系统中都存在风险。Vidal 等（2000）认为，就是因为需求、运输时间、市场定价和交易率等因素在系统中普遍存在风险而导致设计综合物流系统变得很复杂[104]。Tsiakis 等（2001）在利用了混合整数线性规划优化的基础上，建立了在需求不确定的情况下多层次供应链网络模型，与此同时在模型中还考虑了产品需求的风险[105]。Arns 等（2002）指出供应链可以描绘成与数量和时间有关的风险系统[106]。Min 等（2002）分析了供应链模型环境中的风险要素并确定了供应链建模的关键成分，认为供应链模型必须具有描述供应链活动风险的能力，潜在的风险也不例外。潜在的风险包括信息失真风险和质量失败风险[107]。Biackhurst 等（2004）提出了一个基于网络的方法，通过该方法能够建立大规模供应链中的风险模型[108]。

1.2.5 供应链契约协调研究

在供应链契约研究中比较常见的是批发价格契约和回购契约，而数量弹性契约和收益共享契约则分别研究了供应链中的核心内容:产品数量和成员收益。因此，本书主要阐述这四种契约的研究现状：

1. 收益共享契约的研究现状

收益共享契约是指供应商通过提供一个较低的批发价格来促进销售商订购足够多的产品，并在销售期结束时与销售商共同分配销售收入的一种契约形式。供应链收益共享契约被认为是供应链契约的一种主要形式，众多学者对其进行了研究。Pasternack 通过对二级供应链的分析，发现在单周期并服从随机需求的情况下，能够建立合适的收益共享契约促使供应链整体绩效达到协调状态[109]。Wang 等人通过建立收益共享契约分析了该委托契约对供应链中渠道绩效的影响，并得单个公司的绩效和供应链整体整个渠道都严格依赖于零售商的成本分担以及需求价格弹性[110]。之后有学者通过含有收益共享契约的联合契约来研究了供应链协调问题，如 Cachon 和 Lariviere 比较系统地研究了同时使用批发价格和收益共享系数两个参数来对收益共享契约进行描述，而且还将其与回购契约、价格折扣契约以及数量折扣契约进行对比分析，最终得到在固定零售商销售价格和销售商制定价格的两种情况下，建立收益共享契约能够协调供应链渠道[111]。与此同时，Gerchak 等研究了收益共享契约中 N : 1（多卖方和单一买方）模型，并得到了相应的研究结果[112]。Satyaveer S、Chauhan 和

Jean Marie Proth（2005）分析了在供应链成员关系管理中通过建立收益共享契约的应用[113]。肖迪、潘可文探讨分析了由单个供应商和零售商组成的二级供应链中，零售商通过与供应商建立收益共享契约来对供应商质量控制决策进行协调[114]。Vander Veen 和 Venugopal（2005）研究了在影碟租赁行业中建立收益共享契约，以期达到双方共赢的目的[115]。邱若臻、黄小原在考虑了缺货成本的前提下，通过建立收益共享契约制定随机期望值模型进行协调，并得到了分散和闭环两种情况下供应链协调时收益共享契约参数之间的种种关系，还进一步研究了在改进供应链整体绩效时收益共享契约在其中起到的作用[116]。收益共享契约也被广泛地应用到多级供应链协调的问题之中。如，Giannoccaro Ilaria 和 Pontrandolfo Pierpaolo（2004）研究了在三级供应链系统中通过建立收益共享契约的协调问题，结果表明通过调整收益共享契约参数，能够增加供应链各成员的利益并且提高供应链的整体效率[117]。戢守峰和刘铭嘉等研究了由零售商、分销商以及制造商共同组成的三级供应链，在假设需求随机不确定并与销售价格相关的条件下，通过建立收益共享契约来实现供应链协调的问题，并能建立能够使供应链各节点企业达到双赢的数学模型[118]。刘秋生、胡晓明等研究了在四级供应链下由突发事件造成生产成本和市场随机需求同时扰动的情形下，通过建立改进的收益共享契约能使供应链达到协调，并对供应链系统具有较好鲁棒性[119]。

2.其他契约的研究现状

数量弹性契约是指在零售商在确定最初订购量之后，供应商还允许零售商通过市场分析改变其最初的订购量。这样就能够给予零售商一定的订购数量柔性，也促使整个供应链共同承担市场需求风险。大量学者已对数量弹性契约做了相关研究。Lee 等（1997）分析了通过建立数量弹性契约来解决需求不确定性的问题[120]。Chopra Eppen 和 Iyer（1997）在服装工业中探讨了补充协议的相关问题，其实这也是弹性数量契约的一种。通过对无补充协议的契约和含有补充协议的契约相比较，分析可以发现含有补充协议的契约能够更好地改善并提高供应链双方的利益[121]。之后，Lariviere（1999）研究了单周期数量弹性契约模型[122]。Tsay（1999）对单周期两阶段供应链出现无效率的原因进行分析并得到相应的解决措施，还重点分析了数量弹性契约能够实现供应链协调的相关问题[123]。进而有学者开始研究多期供应链协调，如 Tsay、Lovejoy（1999）研究了在供应链下游企业面临的需求具有不确定随机性以及多周期、多阶段的供应链模型，且在供应链的各个节点都是通过建立数量弹性契约进行双方交易，并需求预测不断更新，分析了弹性数量契约对供应链整体绩效的影响[124]。Bassok 和 Anupindi（2008）考虑了多提前期和多需求周期以及需求预测不断更新等条件下的数量弹性契约，研究了通过数量弹性契约的柔性对客户满意度及订购量的影响情况[125]。当然，国内也有很多学者对数量弹性契约进行了深入的研究。何勇、杨德礼（2005）在需求与价格存在相关性的条件下，分析了数量弹性契约模型。分析结果表明，单纯利用数量弹性契约不能使供应链达到协调状态，但是通过引入惩罚与回馈策略之后的数量弹性契约可以实现整个供应链的协调状态[126]。马士华和周俊杰（2007）分析了在预测精度也就是订购量与预测时间间隔具有相关性条件下的动态数量弹性契约模型，分析结果显示供应商存在帕累托改进而零售商能够达到帕累托最优，比利用传统的弹性数量契约更优[127]。

批发价格契约是最普通最常见的供应链契约之一，批发价格契约是指零售商根据供应商提供的批发价格以及市场需求来决定订购量，而供应商则通过零售商的订购量来决定生产，与此同时，零售商独自承担产品未能全部售出的风险。批发价格契约形式简单，便于操作管理，然而大量文献研究表明该契约并不能使供应链实现协调状态。Spengler 在 1950 年最先发现该问题，并把这种现象称之为"双重边际化效应"[128]。"双重边际化效应"是指供应链中的各个成员并不是从供应链整体绩效最优角度来做出决策，而各自都是根据自身最优来做相关决策，从而导致整体绩效下降的现象。Larivieer（1999）及 Larivieer、Porteus（2001）的研究也说明了批发价格契约不能使供应链实现协调[129-130]。国内也存在一些相关的文献研究。如，于辉等（2006）分析了通过建立批发价格契约的供应链是如何应对突发事件的。分析结果说明只有在突发事件所造成市场需求规模发生足够大的变化时，批发价格契约下的供应链才会及时调整生产计划以及及时启动应急管理[131]。王军、储胜（2005）等分析了由单个零售商和单个供应商组成的供应链中，两者之间虽然建立了批发价格契约并且都能做出各自最优决策，但并不能使供应链达到协调[132]。随着电子商务市场的不断发展，很多学者开始通过批发价格契约来研究多渠道环境下的问题，Seiferta、Thonemannb（2006）通过建立批发价格契约探讨了分散式决策下的间接销售渠道和直接销售渠道的集成问题，并得到批发价格契约不能实现供应链间接销售渠道和直接销售渠道协调的研究结果[133]。而 Kurata、Yao、Liu（2007）则通过应用批发价格契约分析了本土品牌和国际品牌竞争环境条件下的多渠道协调问题，并发现在多渠道之间能够实现共赢以及供应链的协调，但是必须实施一个联合的降价和涨价策略[134]。通常情况下，单纯的批发价格契约并不能使供应链达到协调，然而大量文献研究显示将批发价格契约和其他契约联合使用时，能够实现供应链协调。

回购契约又称退货契约或者退货策略，是指由于市场需求的随机性以及不确定性，通常会导致零售商的订购量大于市场的实际需求量。因此，在销售期结束时，供应商通常会以一定的价格购买零售商未售完的产品，供应商就是通过这种契约来促进零售商在销售初期时尽可能地多订购产品，这样可以使得供应商的利润也会相应增加。在供应链契约协调中回购契约是最常见的契约之一，有大量的学者对其进行了相关的研究。Pasternack 在 1985 年最早分析了市场学中的回购问题，研究了由单一制造商和单一零售商组成的供应链并只销售单一产品，探讨了该供应链绩效问题，其结果表明无退货和完全退货都不能使供应链达到整体绩效最优的状态，然而介于两者之间的折衷退货策略却可以使供应链达到协调状态[135]。但是当商品的回购成本过高时，这种折衷的退货策略也是无效的。Padmanabhan 指出在产品和服务营销领域中回购政策被广泛地应用，并且分析出了客户以及分销商采取退货政策的一些基本原理，还将这些原理归纳总结为一个框架，以求方便的为管理者决策者提供退货政策的选择以及对应政策实施的观点，最后还分析了回购策略的优点以及重要地位[136]。之后，Emmons、Gilbert（1998）和 Donohue（2000）分别从需求的随机性以及不确定性、多次生产机会等方面来对 Pasternack（1985）提出的模型进行了扩展[137-138]。Taylor（2002）对零售商存在促销努力的条件下，对如何建立回购契约进行研究，最终发现销量折扣与回购契约的结合应用可以使供应链系统达到协调状态[139]。不仅如此，学者还基于回购契约对多级供应链进行了研究。如，Tsan（2004）不仅研究了回购契约在传统领域的应用，还扩展到了在线市场环境下的应用，探讨了新兴的在线市场电子商务中回购契约与风险因素之间的关系[140]。供应链退货策略在国内也有很多学者对其进行了研究。叶飞和李怡娜（2007）比较了分别基于 Nash 协商模型、基于 stackellberg 模型的回购契约以及传统回购契约三者之间的优劣，研究结果表明 Nash 协商模型的回购契约在实现供应链协调性方面优于基于 stackellberg 模型的回购契约和传统回购契约[141]。

1.2.6 供应商选择与评价研究

Diekson[142]在 1966 年通过调查 170 个采购代理和采购管理者的采购实践中总结出了 23 项供应商评价准则。Diekson 认为，质量是影响供应商选择的一个 "非常重要" 的因素；交货、历史绩效等 7 个因素则 "相当重要"；"一般重要" 包括遵循报价程序、沟通系统等 14 个因素；最后 1 个因素"往来安排"（Reciprocal Arrangement）则归入 "稍微重要" 之列。

Weber[143]通过对 1966 年以来与供应商选择评价相关的 74 篇文献的回顾，讨论了选择供应商的准则。在 Weber 的评价准则排序表中，价格、供货准时率和质量这三个准则分别出现在 80%、59% 和 54% 的文献中。

Johnson[144]采用企业优异评价方法，认为供应商受很多因素的影响，在这其中时间（T）、质量（Q）、成本（C）和服务（S）是成功的关键因素。近年来，越来越多的文献把关键因素的范围扩大为：质量、成本、交货可靠性、数量柔性等因素。

在我国，华中科技大学管理学院 CIMS–SCM 课题组 1997 年[145]的一次调查统计数据显示：在我国企业对供应商的选择中，69.7% 的企业考虑了交货提前期的准则；92.4% 的企业考虑了采购成本的准则；98.5% 的企业考虑了产品质量的准则；批量大小及品种多样性也是企业考虑的准则。他们发现，我国企业在选择供应商时主观的成分过多，同时选择的标准也不够全面，没有形成一个客观全面的综合评价指标体系，不能对企业做出全面、具体、客观的评价。为此，他们在调查研究的基础上，依据一定的原则，将选择准则归纳为 4 大类，分别是企业业绩、业务结构与生产能力、质量系统和企业环境，并以此建立了一套评价体系。韩文秀等[146]认为供应商选择的准则主要集中在质量、采购成本、交货、服务四个方面，此外还应包括供应商的产品开发与生产、供应商的外部环境及其他方面的因素。同时以这些准则为基础，建立了相应的指标体系。

在供应商的指标体系的选择准则和构建方面，综合国内外的研究，我们可以看出[147]，国内外有相似的认识，都把质量、采购成本、交货等因素作为最重要的因素考虑，同时也根据各自研究的不同角度提出了一些其他的重要因素，这说明了随着时间和环境的不断变化，供应商指标的选择是变化着的，是与企业战略目标和具体营运环境息息相关的。

目前国内外常用的供应商选择的方法通常有直观判断法、招标法、采购成本比较法、层次分析法、数据包络法以及人工神经网络法。

我国目前凭经验、凭主观判断选择合作伙伴的现象普遍存在，部门和个人利益驱动下的供应关系普遍存在，分析其原因，一方面是由于缺乏科学合理的供应商评价体系，使评价与选择工作无理可循、无理可依，因而受到主观因素的很大影响；另一方面，尽管有评价指标体系，但由于企业自身拥有指标体系的解释权，同时各方案指标值的给定仍然难以避免主观因素个人利益的影响，因而评价体系形同虚设，所谓的科学选择流于表面化。

1.2.7 异质偏好供应链协调决策

实验经济学家的研究表明，很少有决策者是风险中性。如 Fisher 和 Raman（1996）的研究分析发现，时装厂商的订购量经常要比风险中性即完全理性决策者的订购量低。Patsuris 的研究发现在 2001 年尽管经济不景气，但还是有很多销售商不断增加库存订购量，有时甚至超过了市场需求量。因此，在研究分析采购决策行为时，不要局限于风险中性的假设，必须认真考虑分析各决策者的风险偏好及态度，才能真正理解现实中决策者的采购行为。

要想真正理解现实中的采购行为，在分析采购决策行为时，必须放宽对风险中性的假设，认真考虑决策者的风险态度。在理论研究上：Eeckhoudt、Gollierl 分析发现，具有风险规避偏好销售商的订购量要低于销售商以期望利润最大化为原则而确定的订货量，并且其订购量随着风险规避程度的增加而下降[148]。Tsay 分析发现，如果假设决策者是风险中性忽视其对风险的敏感性就可能会导致更严重的损失[149]。这些问题的出现都使得人们逐渐认识到在分析供应链协调问题时各个决策主体的风险偏好是不容忽视的。最初的对风险偏好研究较多的是基于风险规避假设下的问题。Agrawal、Seshadril 分析了具有价格敏感性和风险规避的"报童模型"，结果发现当需求分布和价格呈现出加法关系时，风险规避型销售商制定的零售价要低于风险中性零售商的零售价，而当市场需求分布和价格呈现出乘法关系时，风险规避型销售商制定的零售价要高于风险中性销售商的零售价[150]。Agrawal、Seshadril 分析了两级供应链，但是在其供应链中在加入了一个作为中介的分销商，结果发现当残值价和紧急采购价都与常规价格相等时，可以通过建立收益共享契约来实现供应链协调[151]。Clark、Scarf 研究了风险规避销售商参与的供应链通过建立收益共享契约来实现供应链协调的问题，研究表明在收益共享契约强制执行时，供应链可以达到协调状态[152]。在国内同样有很多学者对这一问题进行了大量的研究。如，叶飞通过建立收益共享契约在零售商分别具有风险中性和风险规避偏好时供应链的协调问题，研究结果显示在收益共享系数协商区间内，可以使供应链实现协调[153]。于春云等则对条件风险值进行了扩展研究，并提出了条件风险好恶值和条件风险偏爱值的概念，通过这些条件以及建立回购契约分别研究了有风险偏爱者和风险规避者参与的供应链优化与协调问题，最后分析了零售商和供应商的风险偏爱和规避程度对回购价格和最优订购量以及供应链协调的相关影响[154]。林强、叶飞等在条件风险估值的风险度量准则下，建立了随机弹性需求条件下基于收益共享契约的供应链决策模型，分析了集权供应链系统以及分权供应链系统中风险规避零售商与风险规避供应商的最优决策行为，并进一步探讨了随机需求变量服从均匀分布时集权与分权供应链系统的最优决策[155]。

在这段研究期间，通过采用风险规避的假设，在某种程度上更能解释现实经济活动中的决策行为。但是依然存在很多不能解释的现象。自 21 世纪初以来，行为学理论在运作管理学科中的运用逐渐兴起，许多学者开始把行为因素应用到供应链决策中。Kahneman、Tversky 在 1979 年提出的展望理论正在被学者们广泛应用于研究分析人类的决策行为[156]。展望理论主要内容为：决策者在同时面对相同程度损失与收益时，该决策者对于损失而采取的规避程度要大于对收益采取的追求程度。因此，之后学者在利用展望理论作为理论基础进行决策行为分析时，通常假设决策者具有损失规避的偏好。在该假设前提下对供应链管理问题的研究得到很多重要成果。Wang、Webster（2007）研究了由风险中性供应商与损失规避零售商组成的两级供应链的协调问题，假设零售商的目标效用函数为线性损失规避目标效用函数的条件下，通过建立收益／损失共享契约与回购契约的联合契约下可以实现供应链协调[157]。随后，Wang、Webster（2009）继续分析了决策者为损失规避的报童问题，研究表明当存在缺货损失时，损失规避零售商的订购量要高于风险中性零售商的订购量，并且损失规避零售商的最优订购量随销售价格的增加而降低，随着批发价格的增加而增加[158]。Shi 和 Xiao（2008）通过分别建立回购和价格折扣契约，研究分析了二级供应链的协调运作问题，该供应链是由单个损失规避零售商和单个风险中性供应商组成[159]。王虹、周晶（2009）则同样对单个完全理性供应商和单个损失规避零售商组成的两级供应链进行探讨分析，得到通过建立回购契约能够解决损失规避零售商所面临的最优决策问题[160]。孙玉玲、周晶、王虹（2010）对损失规避供应商和风险中性供应商进行了对比分析，通过建立收益共享契约，得到了两种类型供应商的最优批发价格以及收益共享系数的变动范围，同时还分析了供应商的损失规避程度对供应链整体协调运作的影响[161]。从上述文献研究的内容来看，大多数都只考虑了单个零售商与单个供应商组成的供应链协调问题。而在现实供应链中的供应商以及零售商都不止一个，其中零售商之间一般都是存在竞争关系，供应商之间也会存在竞争与合作的关系。因此，零售商或者供应商的决策不仅影响其自身的效用，还影响到其他决策者的决策。基于这些理论基础，研究分析竞争环境下的供应链协调问题不断受到了学者的关注。如 Mahajan、Ryzin（2002）在消费者需求具有动态的特征的情形下探讨了多个具有竞争并产品之间具有替代关系的企业间的库存竞争问题[162]。

虽然损失规避假设在供应链管理的应用中得到了丰富的成果，但是依旧有一些根本性的问题有待解决。目前大量学者在通过假设损失规避时经常是利用效用函数来进行建模，通过设定决策者属于某个损失规避系数，然而在之后的供应链协调决策中决策主体都是依赖于这个外部既定的损失规避系数。但是 Matthew Rabin、Richard Thaler（2001）的研究分析却证明决策者在面对不同环境时经常会表现出不同的行为偏好，偏好参数是不会保持一致的[163]。在存在高度不确定性的市场环境中，如果依旧假设决策主体保持不变的损失规避系数来分析供应链协调问题，同样会出现较大的误差。随着行为金融学的不断发展，具有内生偏好系数的决策主体异质偏好自然而然成为了研究的重点，并且在行为科学领域内已经得到了很多决策者异质偏好的研究。Stanovich 等（2000）、Hutchinson 等（2000）以及 Gary Bolton、Elena Katok（2008）曾经也提出相关建议，应该讲决策者行为的异质性考虑在库存管理理论的研究之中[164]。然而，从目前的研究状况来看，供应链管理研究中考虑这一问题的文献还很少，但在金融领域考虑这个方向的研究已得到丰硕的成果。目前很少有学者在研究供应链协调时分析决策者具有异质偏好，并在相应决策模型中应用内生偏好系数。

1.3 研究内容

本书共分为 12 章，各章内容如下：

第 1 章为绪论部分。主要阐明供应链优化与决策的研究背景及意义，并整理和总结相关文献，指出了研究的意义。在此基础上提出本书的研究内容。

第 2 章对客户订单解耦点的相关理论基础进行了介绍。从多个方面阐述了解耦点的内涵与意义，综合论述了解耦点在供应链中的地位与作用，并从解耦点的角度对不同的供应链模式进行了分析。为了进一步研究解耦点移动的机理，本章从市场因素、产品因素以及生产因素三个方面对解耦点的影响因素进行了分析，提炼出交货期、产品适用性、资产专用性以及创新性四个具体因素，并以此为指标体系建立了解耦点移动的理论分析框架。通过对当前市场环境的分析，进一步结合理论与实践，对解耦点在供应链中上下移动的动因以及对供应链绩效产生的影响进行了阐述。

第3章建立了一个能够同时决定最优解耦点位置与最优生产—库存计划的动态模型，该模型以解耦点、生产率和库存水平作为决策变量，以实际生产—库存水平与目标生产—库存水平之前的偏差惩罚成本最小为目标函数。在假设需求率、目标生产库存率均为常数的前提下，通过最优控制理论对模型进行求解，得到了基于时间的最优生产—库存策略及最优解耦点位置的解析解。并在平滑生产和零库存生产两种模式下进一步研究该最优解的性质，对产品生命周期等参数进行了灵敏度分析，并证明了该模型能够有效减少误差，提高决策的可靠性。

第4章在第3章的基础上引入了易逝品的概念，建立了基于易逝品供应链的解耦点与生产库存联合决策模型。在假设生产率与库存水平的目标值设定也满足状态方程的前提下，通过最优控制理论同时得到了最优解耦点的位置与最优生产—库存计划。并进一步分析了易逝率与产品生命周期对最优解耦点位置的影响。

第5章进一步放松了第4章所建立的模型的假设条件，针对易逝品供应链建立了引入时变需求与易逝率的一般化生产库存与解耦点联合决策模型。并进一步在零库存生产与平滑生产模型下分析了最优解的性质。还通过数值模拟分析了最优生产—库存水平的变化趋势以及易逝率对最优解耦点位置的影响。得到了对于供应链生产库存管理与解耦点定位具有实际指导意义的观点。

第6章阐明已有的供应链优化决策与协调的相关理论，主要分析存在风险下的决策模型、基于损失规避和期望理论的异质决策及异质协调等问题，通过分析已有的供应链优化和协调模型为之后几章打下理论基础。

第7章为零售商损失规避时的供应链协调研究，本章主要分析单个损失规避型零售商和单个风险中性供应商组成的供应链，通过建立回购契约使供应链达到协调的问题。得到零售商损失规避时的最优订货量小于风险中性时的订货量，零售商的订货量随零售商的损失规避程度递减的结论，并且证明了回购契约能够使供应链达到协调，还确定出了回购契约参数的取值范围和变化规律。

第8章研究了多零售商损失规避时供应链协调问题，在第7章的基础上，这一章同样通过建立回购契约来分析多个相互之间有影响的损失规避型零售商和单个风险中性供应商组成的供应链协调问题。得到零售商之间的订货量存在着此消彼长的关系；在回购契约下，损失规避零售商的最优订货量是关于批发价格和损失规避的减函数，回购价格的增函数；回购契约能够使该供应链达到协调。

第9章研究了内生偏好零售商的供应链协调，在前两章的基础上，本章通过引入更加贴近实际的内生偏好零售商，供应商通过建立收益共享契约同样能使供应链达到协调状态。

第10章主要对供应商选择与评价的指标体系的构建进行研究，阐明了供应商选择的步骤和原则，在前人研究成果的基础上，构建供应商选择指标体系，分析不同类型的供应商战略合作伙伴选择与评价的重要组成要素。同时构建供应商选择与评价的指标体系时，更加注重供应商关系导向的选择原则，强调在满足实现市场机遇的资源要求的前提下，从企业战略和文化等一系列的软性指标出发选择供应商。强调供应商的选择要求供应商的个体和供应链的整体并重。

第11章是对供应商综合评价方法的研究。供应商的评价方法有很多，用层次分析法和模糊综合评判进行供应商评价可以有效地处理那些难以完全用定量的方法处理的指标，方便参与评判的专家快速做出合理的判断，同时利用模糊综合评判能综合考虑影响因素，消除评价时人为因素影响，保证评价的科学性和合理性，是目前比较流行的方法。

第12章分析了供应商合作与开发及异质偏好决策问题，本章借鉴了Talluri把组合理论应用于供应商开发的思路，构建异质偏好供应商开发控制风险优化决策策略模型。同样通过采用衰减函数方法来解决决策者的异质偏好，假设供应商开发决策是这样的损失规避者。这个模型说明了在发生损失风险时，应最快速度地衰减回到零以此规避损失风险，以达到供应商开发决策最优化。

| 第 2 章 |

客户订单解耦点基本理论

2.1 客户订单解耦点的内涵与意义

随着客户需求越来越深入的影响企业内部的运营活动如生产计划、库存储备、制造流程等，如今企业越来越清楚地认识到，必须将客户需求引入到生产运营管理中。过去，企业要么追求产品多样化，要么追求低成本以吸引顾客的青睐。然而，随着个性化和定制化需求的发展，以及技术更新带来的生产成本不断下降，企业必须寻找一种能同时兼顾效益和定制化水平的策略，在实现低成本高效益的同时满足客户的多样化需求。解耦点的概念就是在这样的情况下产生的。

经典的供应链是由供应商、制造商、分销商、仓储中心、运输中心、零售商以及终端客户组成的一个整体结构。在供应链中，解耦点是"推动"（push）式生产和"拉动"（pull）式生产的分界点，图 2.1 形象地描述了解耦点的作用。

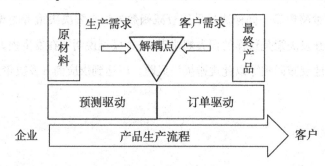

图 2.1 解耦点概念示意图

从供应链上游到解耦点处，企业的生产是基于预测的推动式生产；在解耦点处，客户的实时需求实现；从解耦点到终端客户，生产活动是基于客户需求的拉动式生产。因而解耦点是企业生产流程中基于预测的"面向库存生产"与响应客户需求的"面向订单生产"的转换点。解耦点可以存在于供应链物料流动过程中的任何位置。

一方面，解耦点是一种应对不确定性的战略库存点。为了应对产品需求或供应的不确定性，战略库存可以充当客户订单波动或产品品种多样性和平滑生产之间的一种缓冲，例如，使用原材料库存来缓冲供应不确定性，成品的库存用来缓冲需求的不确定性。通过战略库存点，可以决定何时采纳敏捷制造或精益制造。另一方面，解耦点也称为延迟战略中的产品差异化点。延迟是一种基于公共平台、零件或模块来寻求产品设计，直到知道最终的市场目的或客户要求时才发生最终装配或定制的原理。它的战略意图在于通过把产品差异化点移动到更接近于终端用户和增加产品之间的通用性和模块化设计，以减少零售商面临的库存短缺风险或持有太多不需要产品的库存过剩风险。在延迟产品差异化中，在一定程度上库存以公用的半成品形式持有，充当公用缓冲，所有的产品在需要时能相对迅速地由此构造。这种公用库存缓冲进一步减少系统范围的安全库存幅度，以保证给定的服务水平，实现风险共担。

对于客户订单解耦点的优化可从时间和空间两个维度进行分析：

（1）时间维。时间维是用来描述从客户订单提出到交付定制化产品的时间历程，是以时间度量的订单从生成到完成的全过程。生产运营管理中，时间维的优化关键是在产品设计、制造、组装、交付以及售后等环节中实现资源的最佳利用。因而时间维的优化是针对生产运作流程进行的，例如合理地制定生产计划以及优化不同作业方式的调度规则。

对时间维进行优化，企业不能采用零碎处理的方法，而是应该从全局出发针对产品从设计到交付整个过程对供应链的资源进行优化配置，通过采用集成的方法，以最小的库存满足客户需求并获得最大的运转效率。

（2）空间维。产品的成本与质量是沿着空间维进行优化的，因而空间维又称"成本维"，主要是通过归并不同零部件以及产品的相似部分使客户订单解耦点延迟。空间维优化的关键之处在于充分识别、整理和利用零部件以及产品的相似性并有效地扩大其优化范围,实现产品质量与成本的优化。因而空间维的优化主要是是针对产品结构进行的,例如选取通用件、合理设计定制零部件的结构等。

同样,对于空间维的优化,企业必须充分考虑定制产品的设计、制造、组装、交付、售后等多个环节的影响,基于供应链整体进行全局优化,从而以最小的成本最大限度地满足客户的质量要求,为客户提供定制化和个性化的产品与服务。

2.2 解耦点对供应链生产模式的影响

2.2.1 基于解耦点的供应链生产模式分析

各种供应链模式层出不穷,例如 DELL 的定制化生产,福特 T 型汽车的大批量生产,图书、食品会采用不同的服务模式,有的企业选择 MTO(Make-to-Order)、ATO(Assemble-to-Order),而有的企业选择 MTS(Make-to-Stock)等不同的供应链模式。供应链分类的方法很多,不少学者对供应链模式进行了总结和分析,此外,敏捷制造、分散化网络制造、延迟战略等模式也得到了广泛的研究。本书从解耦点的角度出发对不同的供应链模式进行分析。典型的供应链模式如图 2.2 所示(黑色三角代表解耦点)。

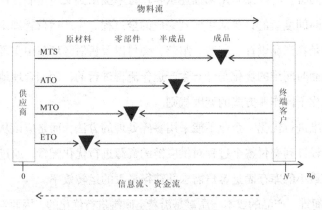

图 2.2 供应链模式图示

面向库存制造的 MTS（Make-to-Stock）型企业，其产品在客户订单提交前已经完成制造，以库存的方式满足客户的需求。这类型的企业一般进行原材料的简单加工或者生产标准件，产品的定制化程度低。MTS 型企业的生产库存计划是根据预测得到的市场需求制定的。然而，在多变的市场环境下，客户需求很难预测，且需求预测需要花费较高的成本。在这种情况下，企业更倾向于利用具有普适性的同一产品满足不同的细分市场，从而降低资产专用性，产生集聚效应。

面向订单制造 MTO（Make-to-Order）的企业其生产流程是在客户订单到达以后才开始的，这种企业生产的产品客户化定制水平高。企业根据客户提供的设计资料和设计要求进行个性化产品生产。由于生产是客户订单触发的，生产量由客户需求决定，因而库存基本为零。

面向订单装配 ATO（Assemble-to-Order）的模式介于 MTO 与 MTS 之间。ATO 型企业在客户订单提交之前生产半成品或零部件。当客户需求到达之后，企业依据订单进行装配。这样做的优势是一方面可以通过标准化模块生产缩短定制化产品的交货期，另一方面可以减少提前生产导致的库存风险。例如计算机生产企业以及汽车企业一般采用这种模式。

根据订单立项 ETO（Engineering-to-Order）是指企业根据客户需求对产品进行设计，在满足客户对产品性能等的要求后再进行生产。这种专项设计再生产的模式，在客户订单到达之前不进行任何产品以及原材料的储备，直到客户下达订单对产品的功能、规格等提出明确的要求之后，企业才进行最初的产品设计，且设计过程中需要双方的沟通与协调，达到一致认可方能进行最终产品的生产。这种生产方式需要很长的周期，且针对性强，不具有通用性。例如电影制作、工程项目建设等。

表 2.1 从交货期、生产计划以及需求不确定性的控制机理三个方面对上述四种供应链模式进行了对比。

表 2.1 不同供应链模式的对比

	面向库存生产	面向订单装配	面向订单制造	根据订单立项
交货期	很短	一般	较长	很长
生产计划	预测	预测和库存	订单和极少的库存	订单
需求不确定性的控制机理	安全库存	零部件和自装配	极少的不确定性	没有控制

解耦点在不同的供应链生产模式中所处的位置决定了这些模式具有不同的特点。解耦点作为价值链中推动（push）与拉动（pull）的分界点，决定了企业对市场需求的响应速度与服务水平。在图 2.1 中，从供应商到解耦点处是基于预测的推动式生产，而从解耦点到终端客户处是基于订单的拉动式生产。表2.2 阐释了生产推动与订单拉动的不同特征。

表 2.2 生产推动与订单拉动的对比

	生产推动	订单拉动
目的	提高需求预测的可靠性，降低单位生产成本	对不可预测的需求尽可能快速地反应
在价值链中的位置	供应商到解耦点处	解耦点到终端客户处
交货期	很快	根据生产周期长短决定
资产专用性	根据预测和库存满足需求，资产专用性高	生产由客户订单触发，资产专用性为零
实现手段	标准化、模块化生产	定制化、并行运作
追求的利益点	追求低成本、成本有效型	追求对个性化需求的快速反应、速度反应型
信息流动方向	与物料流动方向相同	与物料流动方向相反
供应商选择依据	成本及质量	速度、柔性和质量
制造设备	专用设备，高利用率	柔性设备，配置缓冲能力
优点	订单满足快，及时性好，通用性强	满足客户的定制化、个性化需求
缺点	通过预测难以获得准确的客户需求，库存成本高、风险大，无法满足客户的个性化需求	交货期长，无法快速地满足顾客需求

2.2.2 解耦点与精敏供应链

精益生产（Lean Production，LP）起源于日本丰田汽车的准时制（Just in

Time，JIT）生产。精益，意味着在价值流的构建中消除一切浪费，包括人力、设备、材料以及时间等的浪费。美国生产和库存控制协会将精益生产定义为使用于企业的各项活动所需的资源总和达到最小[165]。

精益生产的原理是不断改进以消除一切资源浪费；协作工作与协同配合；柔性生产。其实质是对过程的管理，包括优化组织管理、精简组织机构、实现组织扁平化；推行均衡化、同步化生产，实现零库存，提高供应链柔性；在整个供应链生产过程中实施质量保障体系，实现零次品；建立合理的运作流程与管理体系，减少任何环节中不必要的浪费。实现精益生产的先进制造技术有准时制（JIT）、成组技术（Group Technology，GT）、并行工程（Concurrent Engineering，CE）与全面质量管理（Total Quality Management，TQM）等。

敏捷（Agility）起源于柔性制造系统（FMS）。敏捷性是指利用虚拟企业和市场知识在一个多变的市场环境中挖掘可获利的机会，以求得企业的生产与发展。敏捷是一种事务范围内的能力，它包含企业的信息系统、组织结构、后勤供应系统和思维集成等。敏捷制造的主要特征是高度柔性、企业间联合、充分发挥员工作用等。其基本思想是通过动态联盟、柔性技术以及高素质的人才进行全面信息集成，从而快速地响应多变的不可预测的市场需求，最大限度地满足客户需求，从而获得竞争优势和可持续发展。

供应链中的敏捷性是指灵活应对多变的市场环境并获得利益提高供应链绩效的能力。敏捷供应链（Agility Supply Chain，ASC）是指在动态、竞争、合作的市场中，由若干个供应商、零售商等主体构成的能够快速响应需求变化的动态联盟。与传统的供应链相比，敏捷供应链具有很强的市场敏感性、灵活多变的组织结构以及过程集成性等特点。在敏捷供应链中，企业会突破以往"纵向一体化"的传统模式，寻求"横向一体化"，即寻求战略合作伙伴，通过资源外置将自己不具有优势的业务外包，而专心发展自身的核心竞争力，提高企业柔性，从而增强适应外部不确定性的能力。

精益生产能够最大限度地减少浪费，降低生产成本，而敏捷制造能够满足产品的批量与品种波动，快速地适应多变的市场需求，其不同应用见图 2.3。

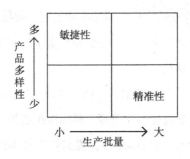

精益生产在产品品种少、批量大、需求可预测的情况下最适合。
敏捷制造适用于产品需求变化大、产品品种多、需求难以预测的情况。

图2.3 精益性与敏捷性的不同应用

考虑到精益性和敏捷性的不同特征，越来越多的学者将这两种生产模式结合起来研究，提出了精敏供应链的概念。在精敏供应链中，解耦点的定位非常关键。通过解耦点的定位，将供应链分为上游的精益供应链部分与下游的敏捷供应链部分。从图2.4可以看出，在前解耦点阶段，即从供应链上游到解耦点处，是基于预测的推动式生产，此时产品的需求相对平稳，产品品种少；而在后解耦点阶段，即从解耦点到最终用户处，是基于需求的拉动式生产，产品的批量和品种等可以高度变化。解耦点在维持企业的战略库存、客户需求变化、产品多样性以及生产稳定之间起到了缓冲作用。

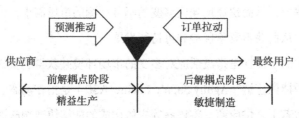

图2.4 集成精敏混合供应链

因而可以将精益生产方式应用于供应链的前解耦点阶段，而将敏捷制造应用于后解耦点阶段，这样供应链模式从单一的精益供应链在解耦点下游转变为合成敏捷供应链，即精敏供应链。通过解耦点的合理定位能够使精益性和敏捷性得到相互补充，一方面能够通过战略库存快速满足用户订单，另一方面能够很好地适应客户需求变化、提高客户个性化与定制化水平，从而提高供应链的整体绩效。

2.3 客户订单解耦点影响因素分析

在供应链中，从原材料到产成品是一条价值递增价值链，解耦点处于价值链中推动式生产与拉动式生产的分界处。如上文所描述的，从供应商到解耦点处称为前解耦点阶段，是基于预测的推动式生产过程，从解耦点到最终客户处称为后解耦点阶段，是基于订单的拉动式生产过程。生产推动与订单拉动的对比见表 2.2。解耦点在价值链中的位置决定了企业或组织对市场需求变化的反应速度。下面将从市场、产品以及生产三个方面分析解耦点的影响因素。

2.3.1 市场因素

市场或市场需求是影响企业运营的关键因素，在当今市场环境下，客户需求越来越深入地影响企业的内部运营。一方面，日益增长的客户需求要求企业能够实现快速大批量的生产，因而为了快速响应顾客需求，往往需要储存一定的产成品或者半成品。另一方面，顾客需求多样化与个性化的特点越来越突出，为了满足客户的定制化需求，企业的生产必须向顾客需求发生点延此。这样一来，对于顾客而言便存在着需求与牺牲的平衡问题，顾客若要得到定制化的产品，就必须接受较长的交货期。同时，对于企业而言必须考虑时间与成本的平衡问题。这两个问题能否有效平衡直接决定了供应链的绩效。基于此，本书将从顾客需求多样性与交货期两个方面分析市场因素对解耦点的影响。

随着技术的变革，产品更新换代的速度越来越快。在现代技术的支持下，产品的功能能够实现多样化与差异化，以满足顾客的个性化与定制化需求。多样化的功能需求是新旧模式所共有的基本动因。多样性与定制化需求的优点在于能够满足不同消费者产品功能的特殊需求。因此，满足顾客的多样化与个性化需求是提高消费者效用的有效手段之一。

交货期是顾客订单发出至收到产品的整个时间段。交货期与顾客价值成反比。由于技术的不断进步，市场上的替代消费品种类越来越多，产品差异化不明显，品质趋同，这使得消费者获得所需要产品的途径增多，产品之间的竞争加剧。较长的交货期被消费者视作服务水平不好，或者认为长时间的等待是厂商对自己的不尊重。因而，交货期日益成为企业竞争的关键要素之一。

2.3.2 产品因素

一般来说，那些可以由独立的单元结构组装成不同形式的模块化的产品是最适合定制化的产品。一方面，灵活的组装形式能够满足消费者的多样化需求，另一方面，标准化的单元结构组装能够大大缩短产品的交货期。尽管模块化不是定制化产品的必备条件，从提高顾客响应速度和降低成本而言，定制化的产品最好是模块化的、多功能的、可持续更新的，这对产品的创新性具有很高的要求。

所谓创新，根据熊彼特的定义，是指把一种新的从来没有过的有关生产要素的新元素或新组合引入现有的生产体系。这种新元素或新组合包括：引进新技术、引入新产品、开辟新市场、寻找新的原材料来源、构建新的工业组织。熊彼特关于创新的概念相当广泛，本书着重关注创新所带来的产品交货期的改变。一般而言，为了实现较短的交货期，企业需要付出更高的成本，如图 2.5 中的曲线所示，而企业通过技术创新等手段能够降低成本，增进社会进步。

2.3.3 生产因素

柔性制造系统、计算机数据库、计算机辅助设计等高级制造技术的使用，可有效地帮助企业增加柔性、减少成本、加快顾客响应速度。然而企业的资源是有限的，由于顾客的多样化与个性化需求，企业资源相对紧缺，因而现有的资源对于顾客需求存在一定的资产专用性。

资产专用性指的是在不牺牲生产价值的前提下，资产可由不同使用者利用和用于不同用途的程度[166]。资产专用性取决于产品适用性与解耦点位置两个方面的因素。

（1）产品适用性：当产品适用性高，即产品能够满足多类顾客的需求时，它的资产专用性相对较低。换而言之，市场细分程度低则商品的资产专用性低。

（2）解耦点的位置：在供应链中，产品从原材料到零部件再到半成品、产成品的过程是资产专用性不断提高的过程。原材料的利用方式是最多的，因而它的资产专用性最低，随着形态的不断变化，其适用范围缩小，资产专用性程度提高。推动式生产的产品其资产专用性为零，拉动式生产的产品存在资产专用性。当解耦点不断向供应链上游靠近时，拉动式生产阶段延长，资产专用性提高。解耦点位置与资产专用性以及交货期的关系如图 2.5 所示。

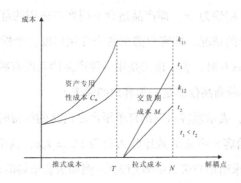

图 2.5 解耦点位置与资产专用性、交货期成本的关系

2.4 解耦点移动机理分析

2.4.1 解耦点移动的理论分析框架

基于第 2.3 节对解耦点影响因素的分析，接下来将以顾客需求多样性、交货期、创新以及资产专用性四个具体要素为核心构建数学模型，进一步从理论上分析解耦点的移动机理。

1. 模型构建

（1）基本假设

1）客户需求可细分，且需求是异质的。若使用同一商品满足所有客户的需求时，效用降低。

2）为了简化模型，只考虑由于产品细分所带来的消费者效用增量，而不考虑基本效用。

3）企业运作过程有 N 个阶段。

4）效用是可以通过货币成本进行度量的。

（2）变量定义

1）解耦点 T，解耦点的坐标系如图 2.5 所示，在前解耦点阶段是推动式生产，在后解耦点阶段采取拉动式生产。

2）设产品的适用性为 σ，即产品适合不同客户适用的范围，$\sigma \in [0, \sigma_N]$，用 σ_N 描述市场细分的情况，即客户需求的个性化程度，个性化程度越高则 σ_N 越大。例如，当 $\sigma = 0$ 时，表示市场是用一种产品满足所有顾客的需求，而当时 $\sigma = \sigma_N$ 则表示一种商品仅满足一类客户的需求。

3）交货期为 t，表示顾客从发出订单至产品送达的等待时间。

4）产品细分给客户带来的效用收入设为 $U_C = k_\sigma \sigma$，其中 k_σ 为效用系数，描述满足个性化需求给用户带来的效用大小。例如服装市场的 k_σ 大于电力市场。

5）交货期成本 $C_t = k_t t$，其中 t 为交货期，k_t 表示客户对产品交货期的要求。例如药品的 k_t 大于书籍。

6）顾客收益 $R = U_C - C_t$。

7）由产品资产专用性导致的机会成本设为 $C_a = k_c e^T \sigma$，k_c 表示产品或零部件的资产专用性系数，例如电磁转子的 k_c 会大于食品。由于厂商在前解耦点阶段采用推动式生产，因而产品或零部件具有无法销售的风险。随着形态从零部件到产成品不断变化，其资产专用性逐渐提高，用 e^T 表示。顾客细分程度 σ 与资产专用性成本成正比，见图 2.5 所示的资产专用性曲线。

8）设因交货期不同而导致的成本 $M = k_m e^{\frac{1}{t}} (N - T)$，其中 k_m 为创新系数，表示厂商在顾客要求的产品交货期内交货的难易程度，k_m 越大，表示厂商按期交货所付出的成本越大，例如动车的 k_m 就会大于服装。推动式生产的交货期为零，拉动式生产需要一定的交货期，其生产的阶段数为（$N - T$）。交货期成本与拉动式生产的阶段数成正比，与交货期成反比，见图 2.5 所示的交货期曲线。

9）社会福利 $\pi = R - (C_a + M)$。

其中，$C_a + M$ 代表厂商总成本。

2. 机理分析

对社会福利求最大值有：

$$max\pi = R - (C_a + M)$$

$$= k_\sigma \sigma - k_t t - (k_c e^T \sigma + k_m e^{\frac{1}{t}}(N - T)) \tag{2.1}$$

其中满足 $0 \leqslant T \leqslant N$。对求一阶导数得到：

$$\frac{d\pi}{dT} = k_c e^T \sigma + k_m e^{\frac{1}{t}} \tag{2.2}$$

令其等于零，推出：

$$T = \ln \frac{k_m e^{\frac{1}{t}}}{k_c \sigma} \tag{2.3}$$

由于 $\frac{d^2\pi}{dT^2} = -k_c e^T \sigma < 0$，$\pi$ 故取得最大值。

所以，当时 $T \leqslant 0$，$T^* = 0$（完全拉动式生产）；当 $T \geqslant N$ 时，$T^* = N$（完全推动式生产）；当 $0 < T < N$ 时有：

$$T^* = \ln \frac{k_m e^{\frac{1}{t}}}{k_c \sigma} \tag{2.4}$$

结论：

（1）交货期 t、产品适用性 σ、资产专用性系数 k_c 与解耦点 T 成反比。当交货期越长、产品个性化程度越高、资产专用性系数越大时，解耦点越靠近供应链上游。

（2）创新系数 k_m 与解耦点 T 成正比。也就是说，当产品的创新系数越小时，解耦点越靠近上游供应商。

（3）当交货期时 $t = 0$，$T^* = N$，解耦点在终端客户处，为完全推动式生产。

（4）当创新系数 $k_m = 0$ 时，也就是实现零成本定制，此时 $T^* = 0$，解耦点在供应链最上游，实现完全拉动式生产。

（5）当资产专用性系数 $k_c = 0$ 时，也就是一种产品或零部件能满足所有客户需求时，采用完全推动式生产。

（6）当 σ 变大时，也就是说当客户的需求差异化越来越大时，在其他因素不变的情况下，解耦点向供应链上游移动，更多地采用拉动式生产。

2.4.2 解耦点移动的原因及动机

从生产流程与物料流动方向来看，接近原材料的一端为供应链上游，接近产成品的一端为供应链下游，如图 2.2 所示。基于企业的发展战略需求，可以将客户订单解耦点定位于物料流中的任何位置。为了抢占市场先机，解耦点应尽可能地靠近企业端以更好地满足顾客的个性化需求；为了降低生产成本，解耦点应尽可能地靠近最终客户，从而采用大批量生产的方式提高生产效率降低单位生产成本。提高企业竞争的一个关键因素是减少生产提前期和交付期，减少顾客的等待时间。为了实现这一目标，企业有两种方案可以选择：一是保持解耦点位置不变，减少交付期；一是保持交付期不变，通过向上游移动解耦点以减少库存。当市场需求发生变化时，企业要想获得更多的订单，解耦点也要相应地向供应链上游或者下游移动以适应环境的变化。如果客户要求较快的交付速度，则解耦点应向下游移动以减少产品提前期，从而快速响应顾客订单。如果交付期不是问题，则企业应该适当地将解耦点向供应链上游移动以更好地满足顾客的多样化与个性化需求。表 2.3 对解耦点上下移动的原因及影响进行了对比分析。

表 2.3 解耦点移动对比分析

	强调点	移动原因	消极影响
上移	产品	提高产品定制化程度	增加交付期，降低交付可靠性
	产品混合灵活性	减少预测，提高准确性	降低制造效率
下移	交付速度	减少提前期	依靠预测进行生产
	交付可靠性	流程优化，提高生产效率	降低定制化程度

解耦点向供应链上游移动的主要动机是提高客户订单在生产运作中的渗透程度，尽早地让客户参与到产品的设计与生产过程中来，从而更好地满足顾客的多样化需求，提高产品的定制化程度，减少预测成本与库存积压成本。为了更好地满足顾客的多样化与个性化需求，企业将重点关注产品的设计、结构、性能、质量等，从而在交付提前期内生产出具有高度个性化、高质量的产品。解耦点向上游移动能够缩短下游行为的提前期，这样在保持交付提前期不变的

前提下可以执行更多的生产行为，以适应更高程度的客户定制化需求。

促使解耦点向供应链下游移动的主要原因是缩短产品的交付期，提高生产效率，降低生产成本。因为解耦点向下游移动意味着推动式生产阶段延长，制造流程的通用化阶段也相应地延长，企业可以采用大批量生产等方式降低单位生产成本。另外，解耦点下移能够有效地优化生产瓶颈。如在具有较强时序性的生产制造流程中，从优化生产流程的角度来说应使解耦点尽可能位于生产瓶颈的下游，因为基于库存的生产要比直接面对客户需求有优势，这样能够在拉动式生产阶段避免生产瓶颈，提高交付速度与交付可靠性。解耦点下移的主要手段是增加面向库存制造的份额，预先生产模块化的产品或单元结构，增加标准化组件，以利于按订单装配（Assemble to Order，ATO）等策略的实施。

2.5　本章小结

本章对客户订单解耦点的相关理论基础进行了深入分析。通过对不同研究理论的分析与总结，从多个方面阐述了解耦点的内涵与意义，综合论述了解耦点在供应链中的地位与作用，并从理论上基于时间维与空间维两个角度分析了解耦点的优化问题。由于解耦点的定位对供应链模式具有重要影响，本章从解耦点的角度对不同的供应链模式如 MTO、MTS 等进行了分析，并对基于预测的推动式生产与基于订单的拉动式生产进行了对比分析。此外，本章还基于解耦点视角阐述了精敏混合供应链的内在含义。为了进一步研究解耦点移动的机理，本章从市场因素、产品因素以及生产因素三个方面对解耦点的影响因素进行了分析，并提炼出交货期、产品适用性、资产专用性以及创新性四个具体的指标。进而以这四个指标建立了解耦点移动的理论分析框架，分析了其对解耦点移动的具体影响，得到了一系列具有普适性的结论。通过对当前市场环境的分析，进一步结合理论与实践，对解耦点在供应链中上下移动的动机及原因进行了阐述，并对比分析了解耦点上下移动对企业生产运用及供应链绩效产生的影响。

| 第3章 |

最优解耦点与生产库存决策的基本动态模型

3.1 基本模型

解耦点作为推式生产与拉式生产的分界点，反应了客户需求在供应链中的渗透程度。随着客户需求越来越深入地影响着企业内部的生产运营活动，如流程设计、生产计划、库存计划等，解耦点的合理定位成为生产库存管理中不可忽略的关键环节。

越来越多的学者开始关注并研究解耦点的合理定位问题，以期为实现供应链柔性、提高供应链绩效提供有效途径。然而在以往的大多数研究中，解耦点仅仅作为单一决策变量引入到理论模型中。事实上，生产率、库存水平、工艺流程以及服务水平等都与供应链绩效息息相关。在忽略模型复杂性的情况下，如果能够同时将这些因素考虑到模型中，将能够真正实现供应链绩效的整体优化。

此外，大多数有关解耦点的研究往往基于一个稳定的环境分析无限时域下以平均成本最小为目标函数的均衡解。事实上，解耦点的定位显然是一个动态决策问题，因为在后解耦点阶段，顾客的实时需求到达，此时生产库存管理与解耦点决策应该根据顾客的实时需求进行动态调整。另一方面,在现实生活中，产品大多数会经历一个由萌芽到增长、成熟直至衰变的过程，因而产品的计划周期应为有限时域,基于无限时域得到的平均均衡解不是实际意义上的最优解。

本章旨在建立一个同时决定最优解耦点位置与最优生产库存策略的动态决策模型，其中解耦点、生产率以及库存水平同时作为决策变量，通过最优控制理论得到有限时域下以生产库存偏差惩罚成本最小为目标函数的最优解析解，并在平滑生产模式与零库存生产模式下对最优解耦点的性质及相关参数进行分析。

3.1.1　变量及参数定义

模型中的变量及参数定义如表 3.1 所示。

表 3.1　变量及参数定义

变量 / 参数	定义描述
T	解耦点在供应链中的位置
P_0	初始生产率，亦为前解耦点阶段根据预测得到的市场需求
$P(t)$	后解耦点阶段时刻的实际生产率
$\hat{P}(t)$	后解耦点阶段时刻的目标生产率
$I(t)$	后解耦点阶段时刻的实际库存水平
$\hat{I}(t)$	后解耦点阶段时刻的目标库存水平
t_f	产品的生命周期，亦即计划周期
$D(t)$	时刻的市场需求率
$F(t)$	t 时刻市场累计需求，满足 $F(t_f) = N$，其中 N 为市场容量
k	实际生产率与目标生产率的偏差惩罚系数，为固定常数
h	实际库存水平与目标库存水平的偏差惩罚系数，为固定常数

3.1.2　模型描述与假设

讨论单个产品在供应链中的流动，供应链链条由供应商、制造商、运输商、分销商、零售商和终端客户等多个节点组成。设 T 代表解耦点在供应链中的位置。解耦点可以设置于供应链物料流动过程中的任何位置，如图 3.1 所示。

图 3.1 解耦点在供应链中的位置

在初始时刻 $t_0 = 0$，决策者根据预测确定市场需求并以此作为初始生产率，设为 P_0。在前解耦点阶段，即从初始时刻 t_0 到 $t = T$，是基于预测的推动式生产活动，此时生产率 $P\ (t)\ = P_0$，设库存水平为 $I\ (t)$，则有 $I\ (T) = P_0 T$。在解耦点处，客户实时需求率实现，设为 $D\ (t)$。在后解耦点阶段，即 $t \in [T, T + t_f]$，是基于订单的拉动式生产活动，生产率 $P\ (t)$ 和库存水平 $I\ (t)$ 随需求发生变化，存在关系 $\dot{I}(t) = P(t) - D(t)$。在不影响吞吐量的情况下，我们可以将时间轴从 $t = T$ 移至 $t = 0$，则计划周期变为 $t \in [0, t_f]$，初始库存量为 $I(0) = P_0 T$。与以往的研究不同，这里假设计划周期 t_f 为有限时域。本书认为，在现实生活中产品大多数会经历一个由萌芽到增长、成熟直至衰变的过程，因而这里假设计划周期为有限时域。

3.1.3 模型构建

本书的目标是建立一个以解耦点、生产率和库存水平同时为决策变量的动态模型，通过分析通过得到最优解耦点的位置以及最优生产—库存策略，从而平衡不断变化的生产率和库存持有成本与目标生产率、库存水平之间的偏差。

库存管理可以分为两种：一种是最小化库存成本，一种是保持一定的安全库存水平。在我们的研究中，库存水平作为决策变量，可以通过模型求解获得每一时刻的最优库存量。因而控制的目标函数应该是最小化库存成本。然而，需求的时变性使得库存水平亦随时间发生连续变化，这导致计划周期内的库存累积量以及相应的库存成本无法确切计算。在这种情况下，我们通过一种间接的方法实现最小化库存成本的目标，即最小化实际生产—库存水平与目标生产—库存水平之间的偏差惩罚成本。

不同的生产模式决定了不同的目标生产—库存率。设 $\hat{P}$、$\hat{I}$ 分别表示目标生产率与库存水平，以 $P(t)-\hat{P}$ 表示实际生产率与目标生产率之间的偏差，$I(t)-\hat{I}$ 表示实际库存水平与目标库存水平之间的偏差。若惩罚成本为偏差的二次函数，则生产与库存的偏差惩罚成本分别表示为 $k\left(P(t)-\hat{P}\right)^2$、$h\left(I(t)-\hat{I}\right)^2$，其中 k、h 分别表示单位生产、库存的偏差惩罚系数。这样，保持既定的目标库存水平可以通过最小化生产—库存偏差惩罚成本来实现。

故该动态模型可以表示为：

$$\begin{cases} \min J = \int_0^{t_f} \left\{ h[I(t)-\hat{I}(t)]^2 + k[P(t)-P(t)]^2 \right\} dt \\ s.t. \quad \dot{I}(t) = P(t) - F^{'}(t) \end{cases} \qquad (3.1)$$

该模型的目标是通过决定最优生产率 $P(t)$ 使得实际生产率与目标生产率之间的偏差惩罚成本 $k\left(P(t)-\hat{P}(t)\right)^2$ 实现最小化。同时，计算出最优的库存持有水平 $I(t)$ 使得实际库存水平与目标库存水平之间的偏差惩罚成本 $h\left(I(t)-\hat{I}(t)\right)^2$ 最小。该模型中目标函数的二次形式在 Jeong（2011）、Holt 等人（1960）和 Chen 等人（2015）的许多研究中被广泛采用[167-168]。根据约束方程可以看出，库存水平变化率等于生产率减去市场需求率。该模型有两个关键问题：一是目标生产率与库存水平的设定；一是产品生命周期与市场需求累积量 $F(t)$ 之间的关系。

3.1.4　目标值设定

模型中一个关键的问题就是目标生产率与目标库存水平的设定，而目标值的设定与具体的生产库存策略息息相关。图 3.2 描述了在平滑生产模式下累计生产量的变化曲线。正如图中所示，平滑生产策略的关键是保持一个稳定的生产率，一旦目标生产率设定的不合理，该常数生产率会产生不必要的库存积压或者库存短缺。平滑生产模式下的库存变化如图 3.2 所示。

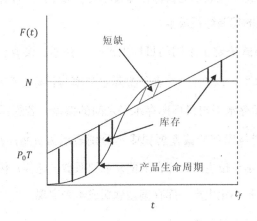

图 3.2 平滑生产模式下的库存水平

在平滑生产模式下，目标生产率与库存水平的设定满足条件：$\hat{P} = P_0$，$\hat{I} > 0$。在前解耦点阶段，根据预测得到的市场需求率亦即初始生产率为 P_0，根据平滑生产模式的特征，在整个产品生命周期内，目标生产率应保持一致且为固定常数，因而 $\hat{P} = P_0$。此外，在平滑生产模式中，为了防止因预测低估而导致的库存缺失，目标库存水平 $\hat{I} > 0$，换而言之，企业在设定目标时不允许发生因库存不足而无法满足顾客需求的情况。

零库存生产模式是基于日本丰田汽车的准时制生产（JIT）提出的重要理念。零库存即在生产和流通中，物料（包括原材料、半成品和产成品）在采购、生产、销售等一个或几个经营环节中，不以仓库储存的形式存在，而均处于周转的状态。为了防止产生不必要的库存，实施该生产模式的企业，在初始库存耗尽之前不进行生产，当库存量变为 0 后，其生产制造根据实际需求进行，因而零库存生产模式会导致实际生产率随着客户实时需求发生动态变化。图 3.3 描述了零库存生产模式下的库存水平。

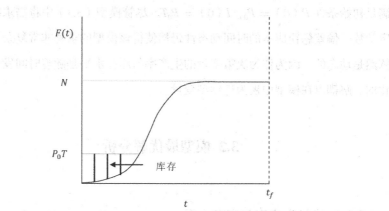

图 3.3　零库存生产模式下的库存水平

在零库存生产模式下，目标生产率与库存水平满足：$\hat{P} = F^{'}(t)$，$\hat{I} = 0$。理想的目标生产率等于实际的顾客需求率时，则不会产生不必要的库存，从而实现目标库存水平为零。

3.1.5　产品生命周期

产品生命周期与市场需求累积量之间的常用逻辑模型为：

$$F(t) = \frac{a}{(1 + \alpha e^{-\beta t})} + b \qquad (3.2)$$

其中，α 和 β 为参数，a 和 b 为固定常数，使得 $F(t)$ 满足 $F(0) = 0$ 且 $F(t_f) = N$。

然而，由于 $F'(t)$ 的形式非常复杂，使得满足该方程的动态模型（3.1）很难求解。在以往的研究中，为了得到最终的生产与库存计划往往将需求率视为常数。即设 $F(t) = Dt$，从而 $F'(t) = D(t) = D$。因而，（3.1）的一般模型可以简化为：

$$\begin{cases} \min J = \int_0^{t_f} \left\{ h[I(t) - \hat{I}(t)]^2 + k[P(t) - P(t)]^2 \right\} dt \\ s.t. \quad \dot{I}(t) = P(t) - D \end{cases} \qquad (3.3)$$

其中解耦点 T、生产率 $P(t)$ 和库存水平 $I(t)$ 均为决策变量，$t \in [0, t_f]$，

满足初始条件 $P(0)=P_0$，$I(0)=P_0T$。尽管模型（3.3）中将需求率设为固定常数，偏差惩罚成本的时间动态性仍然使得该模型的求解非常复杂。该模型依然是动态的，因为作为决策变量的生产率与库存水平是随着时间发生动态变化的。解耦点在模型中视为连续型变量。

3.2 模型最优解分析

3.2.1 最优生产率与库存水平

对模型（3.3）运用庞特里亚金极大值原理以及最优控制理论可知，最优库存水平（状态变量）满足：

$$\dot{\lambda}(t) = 2h\big(I(t) - \hat{I}\big) \tag{3.4}$$

最优生产率（控制变量）满足：

$$\lambda(t) = 2k\big(P(t) - \hat{P}\big) \tag{3.5}$$

对（3.5）式求一阶导数得 $\dot{\lambda}(t) = 2k\dot{P}(t)$，代入（3.4）式得 $I(t) = \dfrac{k}{h}\dot{P}(t) + \hat{I}$，故 $\dot{I}(t) = \dfrac{k}{h}\ddot{P}(t)$。根据约束条件 $\dot{I}(t) = P(t) - D$ 可知：

$$\frac{k}{h}\ddot{P}(t) = P(t) - D \tag{3.6}$$

求解方程（3.6）并结合以上各式可以得到：

$$P(t) = c_1 e^{\sqrt{(h/k)}t} + c_2 e^{-\sqrt{(h/k)}t} + D \tag{3.7}$$

$$I(t) = \sqrt{\frac{k}{h}}\left(c_1 e^{\sqrt{(h/k)}t} - c_2 e^{-\sqrt{(h/k)}t}\right) + \hat{I} \tag{3.8}$$

初始条件满足：

$$P(0) = P_0 \tag{3.9}$$

$$I(0) = P_0 T \qquad (3.10)$$

式（3.9）表明在计划周期开始之初，企业的生产率为预测得到的初始需求，亦为初始生产率。式（3.10）表明初始库存量等于前解耦点阶段以生产率 P_0 经过时间 T 得到的产量。

将式（3.9）和式（3.10）代入式（3.7）、（3.8），得到：

$$c_1 + c_2 = P_0 - D \qquad (3.11)$$

$$\sqrt{\frac{k}{h}}(c_1 - c_2) = P_0 T - \hat{I} \qquad (3.12)$$

求解得到：

$$c_1 = \frac{1}{2}\left(P_0 - D - \hat{I}\sqrt{\frac{k}{h}}\right) + \frac{1}{2}\sqrt{\frac{k}{h}}P_0 T \qquad (3.13)$$

$$c_2 = \frac{1}{2}\left(P_0 - D + \hat{I}\sqrt{\frac{k}{h}}\right) - \frac{1}{2}\sqrt{\frac{k}{h}}P_0 T \qquad (3.14)$$

3.2.2　最优解耦点的位置

设 $J = J(T)$ 表示最优动态控制系统的目标函数，则有：

$$\frac{\partial J}{\partial T} = \int_0^{t_f}\left[h(I - \hat{I})\frac{\partial I}{\partial T} + k(P - \hat{P})\frac{\partial P}{\partial T}\right]dt \qquad (3.15)$$

令 $\alpha_1 = (1/2)\left(P_0 - D - \hat{I}\sqrt{(k/h)}\right)$，$\alpha_2 = (1/2)\left(P_0 - D + \hat{I}\sqrt{(k/h)}\right)$，

$\beta = (1/2)\sqrt{(k/h)}P_0$。则有：

$$P(t) = (\alpha_1 + \beta T)\, e^{\sqrt{(h/k)}t} + (\alpha_2 - \beta T)\, e^{-\sqrt{(h/k)}t} + D \qquad (3.16)$$

$$I(t) = \sqrt{\frac{k}{h}}\left((\alpha_1 + \beta T)\, e^{\sqrt{(h/k)}t} - (\alpha_2 - \beta T)\, e^{-\sqrt{(h/k)}t}\right) + \hat{I} \qquad (3.17)$$

推出：

$$\frac{\partial J}{\partial T} = 2\sqrt{kh\beta} \left\{ \left(\alpha_1 e^{2\sqrt{(h/k)}t_f} + \alpha_2 e^{-2\sqrt{(h/k)}t_f} \right) \right.$$

$$+ \beta \left(e^{2\sqrt{(h/k)}t_f} - e^{-2\sqrt{(h/k)}t_f} \right) T$$

$$\left. - (\hat{P} - D) \left(e^{\sqrt{(h/k)}t_f} + e^{-\sqrt{(h/k)}t_f} - 2 \right) - （\alpha_1 + ）\alpha_2 \right\}$$

（3.18）

令 $\frac{\partial J}{\partial T} = 0$，可得最优解耦点：

$$T^* = \frac{(\hat{P} - D)\left(e^{\sqrt{(h/k)}t_f} + e^{-\sqrt{(h/k)}t_f} - 1 \right) - \left(\alpha_1 e^{2\sqrt{(h/k)}t_f} + \alpha_2 e^{-2\sqrt{(h/k)}t_f} \right)}{\beta \left(e^{2\sqrt{(h/k)}t_f} - e^{-2\sqrt{(h/k)}t_f} \right)}$$

（3.19）

结论 3.1：T^* 满足式（3.19）是全局最优解当且仅当 $h/k \neq 0$。

证明：J 对 T 求二阶导数有：$\frac{\partial^2 J}{\partial T^2} = 2\sqrt{kh}\beta^2 \left(e^{2\sqrt{(h/k)}t_f} - e^{-2\sqrt{(h/k)}t_f} \right)$。

由于产品的计划周期 $t_f > 0$，$\frac{\partial^2 J}{\partial T^2} > 0$ 故成立当且仅当 $h/k \neq 0$。命题得证。

结论 3.1 表明，当单位生产、库存的偏差惩罚系数 h 和 k 均不为 0 时，最优解耦点存在且为全局最优解，此时实际生产—库存率与目标生产—库存率之间的偏差惩罚成本最小。

3.2.3 产品生命周期的影响

在以往的研究中，产品的生命周期或计划周期往往被假设成无限时域。然而在实际情况中，产品往往经历着萌芽——成长——成熟——衰败的过程，产品的生命周期亦即计划周期应该为有限时域而非无限时域。为了研究计划周期对最优解耦点的影响，对无限时域下的最优解耦点进行分析，得到如下结论：

结论 3.2：当 $t_f \to \infty$，最优解耦点为：

$$T^* = \frac{\hat{I} - (P_0 - D)\sqrt{(k/h)}}{P_0} \qquad (3.20)$$

证明：将（3.19）式的分子分母同时除以 $e^{2\sqrt{(h/k)}t_f}$，则

$$T^* = \frac{(\hat{P}-D)\left(e^{-\sqrt{(h/k)}t_f} + e^{-3\sqrt{(h/k)}t_f} - e^{-2\sqrt{(h/k)}t_f}\right) - \left(\alpha_1 + \alpha_2 e^{-4\sqrt{(h/k)}t_f}\right)}{\beta\left(1 - e^{-4\sqrt{(h/k)}t_f}\right)}$$

$$\qquad (3.21)$$

令 $t_f \to \infty$，可得 $T^* = (-a_1/\beta)$，代入 a_1 与 β 即为式（3.20），命题得证。

结论 3.2 表明，与有限时域下的最优解耦点相比，当 $t_f \to \infty$ 时，会大大简化 T^* 的求解结果，降低决策的准确性。且无限时域下最优解耦点的位置与目标生产率无关。

3.3 平滑生产模式下的最优解耦点

根据式（3.19）可知，最优解耦点的位置与目标生产率与库存水平息息相关，这意味着不同的生产模式对解耦点的决策起决定性作用。

在平滑生产模式下，企业的生产率始终保持一致，为固定常数。因而存在 $P(t) = \hat{P} = P_0$。对应的动态决策模型为：

$$\begin{cases} \min \int_0^{t_f} \left[h\left(I(t) - \hat{I}\right)^2 \right] \\ s.t.\, \dot{I}(t) = P(t) - D \end{cases} \qquad (3.22)$$

通过分析得到，在该控制系统下，最优解耦点有如下性质：

结论 3.3：在平滑生产模式下，T^* 存在当且仅当 $P_0 > D$。

证明：运用（3.4）—（3.14）同样的逻辑可以得到：

$$I(t) = (P_0 - D)t + P_0 T \quad\quad\quad (3.23)$$

因而目标函数可以表示为：

$$J = \frac{h}{3(P_0-D)}\left\{\left[(P_0 - D) + P_0 T - \hat{I}\right]^3 - \left(P_0 T - \hat{I}\right)^3\right\} \quad (3.24)$$

推出：

$$\frac{\partial J}{\partial T} = P_0 h t_f \left[(P_0 - D)t_f + 2(P_0 T - \hat{I})\right] \quad\quad (3.25)$$

令 $\frac{\partial J}{\partial T} = 0$ 可得最优解耦点为：

$$T^* = \frac{2\hat{I} - (P_0 - D)t_f}{2P_0} \quad\quad\quad (3.26)$$

又 $\frac{\partial^2 J}{\partial T^2} = 2P_0 t_f (P_0 - D) > 0$ 当且仅当（$P_0 - D$）> 0。故命题得证。

结论 3.3 表明，平滑生产模式下，若前解耦点阶段客户需求被高估，即根据预测确定的市场需求 P_0 大于实际需求 D，使得最优解耦点存在。

3.4 零库存生产模式下的最优解分析

3.4.1 最优解耦点的性质分析

在零库存生产模式下，满足目标库存水平 $\hat{I} = 0$，目标生产率 $\hat{P} = D$。对应的动态决策模型为：

$$\begin{cases} \min \int_0^{t_f} \left[k(P(t) - D)^2 + hI(t)^2\right] \\ s.t. \dot{I}(t) = P(t) - D \end{cases} \quad (3.27)$$

通过分析得到，在该控制系统下，最优解耦点有如下性质：

结论 3.4：在零库存生产模式下，T^* 存在当且仅当 $P_0 < 0$。

证明：将 $\hat{I} = 0$ 和 $\hat{P} = D$ 代入（3.19）式得：

$$T^* = \frac{-(1/2)(P_0 - D)\left(e^{2\sqrt{(h/k)}t_f} + e^{-2\sqrt{(h/k)}t_f}\right)}{\sqrt{(k/h)}P_0\left(e^{2\sqrt{(h/k)}t_f} - e^{-2\sqrt{(h/k)}t_f}\right)} \tag{3.28}$$

易知 $\left(e^{2\sqrt{(h/k)}t_f} - e^{-2\sqrt{(h/k)}t_f}\right) > 0$。故当 $(P_0 - D) < 0$ 且仅当时 T^* 存在，命题得证。

与结论 3.3 相比，结论 3.4 表明，零库存生产模式下，若前解耦点阶段客户需求被低估，即根据预测确定的市场需求 P_0 低于实际需求 D，使得最优解耦点存在。

3.4.2　最优生产率与最优库存水平分析

将 $\hat{p} = D$ 与 $\hat{I} = 0$ 代入式（3.19），我们可以得到 $(\alpha_1 + \beta T^*)$ 与 $(\alpha_2 - \beta T^*)$ 的结果如下：

$$(\alpha_1 + \beta T^*) = \frac{-(P_0 - D)e^{-2\sqrt{(h/k)}t_f}}{\left(e^{2\sqrt{(h/k)}t_f} - e^{-2\sqrt{(h/k)}t_f}\right)} \tag{3.29}$$

$$(\alpha_2 - \beta T^*) = \frac{(P_0 - D)e^{2\sqrt{(h/k)}t_f}}{\left(e^{2\sqrt{(h/k)}t_f} - e^{-2\sqrt{(h/k)}t_f}\right)} \tag{3.30}$$

根据式（3.16）、（3.17），分别求 $P(t)$、$I(t)$ 对 T^* 的一阶导数与二阶导数，得到如下结果：

$$\frac{\partial P(t)}{\partial t}\Big|_{T=T^*} = \sqrt{\frac{h}{k}}\left\{(\alpha_1 + \beta T^*)e^{\sqrt{(h/k)}t} - (\alpha_2 - \beta T^*)e^{-\sqrt{(h/k)}t}\right\} \tag{3.31}$$

$$\frac{\partial^2 P(t)}{\partial t^2}\Big|_{T=T^*} = \frac{h}{k}\left\{(\alpha_1 + \beta T^*)e^{\sqrt{(h/k)}t} + (\alpha_2 - \beta T^*)e^{-\sqrt{(h/k)}t}\right\} \tag{3.32}$$

$$\frac{\partial I(t)}{\partial t}\Big|_{T=T^*} = \left\{(\alpha_1 + \beta T^*)e^{\sqrt{(h/k)}t} + (\alpha_2 - \beta T^*)e^{-\sqrt{(h/k)}t}\right\} \tag{3.33}$$

$$\frac{\partial I^2(t)}{\partial t^2}\Big|_{T=T^*} = \sqrt{\frac{h}{k}}\left\{(\alpha_1 + \beta T^*)e^{\sqrt{(h/k)}t} - (\alpha_2 - \beta T^*)e^{-\sqrt{(h/k)}t}\right\}$$

（3.34）

根据结论 3.4 可知 $P_0 < 0$。将式（3.29）、（3.30）代入以上各式可得：式（3.32）和式（3.34）大于零可以推出 $P(t)$、$I(t)$ 是关于 T^* 的单调递增函数，且为凸函数。这个结果表明，当前解耦点阶段的需求被低估时，后解耦点阶段的最优生产率会持续递增，产品的库存水平变化满足凸函数增长。

3.4.3 产品生命周期对最优解耦点的影响

当产品生命周期为无限时域时，在零库存生产模式下，根据式（3.20）及可 $\hat{I} = 0$ 知，最优解耦点可表示为：

$$T^* = \frac{-(P_0 - D)\sqrt{(k/h)}}{P_0}$$

（3.35）

该结果同样证明，在零库存生产模式下，当前解耦点阶段的初始需求被低估时最优解耦点存在。

3.4.4 预测误差分析

当产品生命周期为无限时域时，在零库存生产模式下，令 $t_f \to \infty$，则式（3.29）、（3.30）可简化为：

$$a_1 + \beta T^* = 0$$ （3.36）

$$a_2 - \beta T^* = P_0 - D$$ （3.37）

通过计算可知目标函数为：

$$J = k\int_0^\infty 2(P_0 - D)^2 e^{-2\sqrt{(h/k)}t}\, dt$$

$$= \left[-k\sqrt{\frac{k}{h}}(P_0 - D)^2 e^{-2\sqrt{(h/k)}t}\right]_0^\infty$$

$$= k \sqrt{\frac{k}{h}} (P_0 - D)^2 \qquad (3.38)$$

由于零库存生产模式下解耦点存在的条件是 $P_0 < D$，故设预测误差为 δ，满足 $P_0 = (1 + \delta) D$，其中 $-1 \leq \delta \leq 0$。

结论 3.5：在零库存生产模式下，当产品的生命周期设为无限时域时，如果预测误差从 δ 提升到 δ'，满足 $-1 \leq \delta \leq \delta' \leq 0$，则目标函数值的提升百分比为：

$$\left(\frac{\delta^2 - (\delta')^2}{(\delta')^2} \right) \times 100 \qquad (3.39)$$

证明：令 $J(\delta)$ 与 $J(\delta')$ 分别表示预测误差为 δ、δ' 时的目标函数值，则根据式（3.38）有：

$$J(\delta) = k \sqrt{\frac{k}{h}} (\delta D)^2 \qquad (3.40)$$

$$J(\delta') = k \sqrt{\frac{k}{h}} (\delta' D)^2 \qquad (3.41)$$

因而目标函数值的改善百分比（Percent Improvement，PI）表示为：

$$PI = \frac{J(\delta) - J(\delta')}{J(\delta')} \times 100 = \left(\frac{\delta^2 - (\delta')^2}{(\delta')^2} \right) \times 100 \qquad (3.42)$$

命题得证。

令 $\delta' = \varepsilon\delta$，其中 $\varepsilon \times 100$（$0 \leq \varepsilon \leq 1$）表示 δ 从到 δ' 的误差改善百分比。图 3.4 描绘了 PI 与 ε 之间的关系。

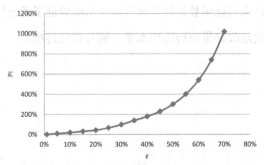

图 3.4　ε 与 PI 的关系曲线图

从图中可以看出，预测误差改善百分比的增加使得目标函数改善百分比呈指数增长，表明减少预测误差能够带来偏差惩罚成本的显著减少。由此可以证明，该解耦点与生产库存联合决策模型所得到的最优解能够有效地改善供应链管理水平，提升供应链整体绩效。

3.5 本章小结

在这一章中，我们提出了一个能够同时决定最优解耦点位置与最优生产—库存计划的动态模型，该模型以解耦点、生产率和库存水平同时作为决策变量，以实际生产—库存水平与目标生产—库存水平之前的偏差惩罚成本最小为目标函数。在假设需求为固定常数的基础上，运用最优控制理论得到了有限时域下最优解耦点位置、最优生产率与最优库存水平的解析解。并在平滑生产模式与零库存生产模式下对最优解的性质进行了分析。

研究表明，当单位生产、库存的偏差惩罚系数均不为 0 时，得到的最优解耦点为全局最优解。在平滑生产模式下，前解耦点阶段的需求高估确保最优解耦点的存在；而在零库存生产模式下，解耦点存在的条件是前解耦点阶段的需求被低估。此外在以往的研究中往往基于稳定环境分析无限时域下平均成本最小为目标函数的均衡解。在本书中假设产品的生命周期为有限时域，因而本章还研究了产品生命周期对最优解耦点的影响。最后，基于零库存生产模式研究了预测误差减少对目标函数值即偏差惩罚成本改善的影响。结果表明，当预测误差减少时，会带来目标函数值的显著改善。从而验证了通过该动态模型得到的最优解能够有效地改善供应链管理水平，提升供应链绩效。

第4章

易逝品供应链中满足特定约束的决策模型

4.1 易逝品供应链的特征

随着消费者的需求越来越多样化，产品生产技术不断进步，产品的开发能力也在不断提高。目前，新产品的开发周期相对于以往来说大大缩短。与此相适应的是产品的生命周期越来越短，更新换代的速度越来越快，从而使得消费者的偏好可能在较短的时间内发生较大的变化。事实上，大多数商品由于自身的属性或者目标消费者偏好的变化，其使用价值或市场价值会随着时间的推移而快速下降，使得其产品生命周期相对较短。在期末仍没有售出的产品企业不得不降价处理，有的甚至会完全失去价值而成为失效品。随着环境保护与控制手段的加强，这些商品还需要花费一定的处理成本。随着市场环境的变化，这类商品越来越普遍，也引起了广大学者的关注与研究，现在这类商品被称为易逝品（Perishable Goods or Deteriorating Goods）。

关于易逝品的含义主要包含两个方面：第一类是指季节性商品或时效品，第二类是指易腐坏的商品。所谓季节性商品或时效品，指的是随着时间的流逝，由于替代性新产品的出现或者目标消费群体偏好的变化而逐渐失去市场价值的产品。这类商品的显著特征是在商品储存和流通过程中，其数量不会随着时间的推移而变化，但是随着储存时间的增加产品会发生无形变质，即市场价值降低而导致产品贬值情况。典型的商品包括电脑或手机等电子产品，服饰等快速消费品以及其他具有快速更新换代特点的产品。所谓易腐品或者易变质品，是指那些必须在有限的时间内售出，否则将发生变质、损坏、过期、挥发等损坏产品使用价值的商品。其显著特点是在储存和流通过程中，产品的数量会因腐烂、变质、失效等逐渐减少，及产品随着储存时间的延长会发生有形变质。这类商品常见的有鲜花、牛奶、水果、蔬菜等。

在易逝品供应链中，基于供应链环境与易逝品特征的生产库存控制是企业管理者重点关注的内容。作为供应链中的成员，不论企业处于供应链中的哪个环节，都必须考虑库存管理与控制策略问题。库存以原材料、在制品、半成品、成品等不同形式存在于供应链中的各个环节。由于库存管理费用与库存积压成本在易逝品供应链成本支出中占有较大的比重，因而对供应链中各级库存的管理是易逝品供应链中非常重要的部分。

在竞争日益激烈的市场环境下，一方面面对需求的不确定性，要求易逝品供应链中的各成员能够对不断变化的客户需求做出快速响应；另一方面，产品易逝性的特点使得企业要尽可能地减少库存，从而减少因商品有形或无形变质带来的经济损失。在易逝品供应链中，为了响应客户需求的不确定性、保持供应链盈利水平，有必要在供应链中适当地设置解耦点，以便为波动的市场单个地提供产品或服务，而最小化整个供应链成本。本章将针对易逝品供应链研究解耦点与生产库存管理的联合决策问题。

4.2 模型构建

本章在第 3 章模型的基础上引入了易逝品的概念。假设产品的易逝率为 θ（$0 < \theta < 1$），则 t 时刻由于产品易逝性而导致的库存量的损失为 $\theta I(t)$，因而模型（3.1）的约束方程变为：$i(t) = -\theta I(t) + P(t) - D(t)$。基于易逝品供应链的生产库存与解耦点联合动态决策模型表示为：

$$\begin{cases} \min \int_0^{t_f} \left[k \left(P(t) - \hat{P}(t) \right)^2 + h \left(I(t) - \hat{I}(t) \right)^2 \right] dt \\ s.t. \dot{I}(t) = -\theta I(t) + P(t) - D(t) \end{cases} \tag{4.1}$$

其中解耦点 T、生产率 $P(t)$ 和库存水平 $I(t)$ 均为决策变量，$t \in [0, t_f]$，仍然满足初始条件 $P(0) = P_0$，$I(0) = P_0 T$。

为了方便研究，模型（4.1）满足如下假设：

（1）讨论单个产品在供应链中的流动，产品具有易逝性且不可修复或无替代产品。

（2）由于产品的易逝性会导致库存损失，为了满足客户需求，产品的生产率大于需求率。

（3）任何时刻不允许短缺。因而前解耦点阶段的初始生产率 P_0 大于解耦点处的初始目标生产率 $\hat{p}(0)$。

（4）假设所有的目标值均满足状态方程。

4.3　最优解的分析

4.3.1　最优生产率与库存水平

运用最优控制理论与庞特里亚金极大值原理对模型（4.1）进行求解。该模型的汉密尔顿方程（Hamiltonian）满足：

$$H = \frac{1}{2} h[I - \hat{I}]^2 + \frac{1}{2} k[P - \hat{P}]^2 + \lambda[-\theta I + P - D], \qquad (4.2)$$

其中 λ 为伴随变量。根据庞特里亚金极大值原理可知：

$$\dot{\lambda} = -h(I - \hat{I}) + \theta\lambda, \quad \lambda(t_f) = 0, \qquad (4.3)$$

$$0 = \frac{\partial H}{\partial P} = k(P - \hat{P}) + \lambda. \qquad (4.4)$$

根据假设可知目标值（$\hat{I}$；$\hat{P}$）也满足状态方程，因而有：

$$\dot{I}(t) = -\theta(t)\hat{I}(t) + P(t) - D(t). \qquad (4.5)$$

由式（4.4）可知 $P = -\dfrac{1}{k}\lambda + \hat{P}$，故 $\dot{I} = -\theta I - \dfrac{1}{k}\lambda + \hat{P} - D$.

因而求解模型（4.1）等价于求解如下微分方程组：

$$\begin{cases} \dot{I} = -\theta I - \dfrac{1}{k}\lambda + \hat{P} - D,\ I(0) = I_0, \\ \dot{\lambda} = -hI + \theta\lambda + h\hat{I},\ \lambda(t_f) = 0. \end{cases} \qquad (4.6)$$

对该方程组中的第一个式子求导数有：

$$\ddot{I} = -\dot{\theta}I - \theta\dot{I} - \dfrac{1}{k}\dot{\lambda} + \dot{\hat{P}} - \dot{D}. \qquad (4.7)$$

根据式（4.5）—（4.7）可知最优库存水平满足黎卡提方程（Riccati Equation）：

$$\ddot{I} + (\dot{\theta} - \theta^2 - \dfrac{h}{k})I = \theta(D - \hat{P}) - \dfrac{h}{k}\hat{I} + \dot{\hat{P}} - \dot{D},\ I(0) = I_0, \qquad (4.8)$$

最优生产率满足黎卡提方程：

$$\dfrac{d^2(P - \hat{P})}{dt^2} = (\dot{\theta} + \theta^2 + \dfrac{h}{k})(P - \hat{P}),\ P(0) = P_0, \qquad (4.9)$$

且有：

$$\dot{P}(0) = \theta(0)(P_0 - \hat{P}(0)) + \dfrac{h}{k}(I_0 - I(0)) + \dot{\hat{P}}(0). \qquad (4.10)$$

求解式（4.9），令 $a := \theta^2 + \dfrac{h}{k}$ 可以得到：

$$P = k_1 e^{\sqrt{a}t} + k_2 e^{-\sqrt{a}t} + \hat{P}, \qquad (4.11)$$

其中 k_1、k_2 满足：

$$\begin{cases} k_1 + k_2 = P_0 - \hat{P}(0), \\ k_1 - k_2 = \dfrac{\theta}{\sqrt{a}}(P_0 - \hat{P}(0)) + \dfrac{h}{k\sqrt{a}}(I_0 - I(0)). \end{cases} \qquad (4.12)$$

解得

$$\begin{cases} k_1 = \dfrac{1}{2}(1+\dfrac{\theta}{\sqrt{a}})(P_0 - \hat{P}(0) + \dfrac{h}{2k\sqrt{a}}(I_0 - \hat{I}(0)), \\[4mm] k_2 = \dfrac{1}{2}(1-\dfrac{\theta}{\sqrt{a}})(P_0 - \hat{P}(0) - \dfrac{h}{2k\sqrt{a}}(I_0 - \hat{I}(0)). \end{cases} \tag{4.13}$$

根据状态方程可以求得：

$$\frac{d(I-\hat{I})}{dt} + \theta(I-\hat{I}) = P - \hat{P}, \tag{4.14}$$

故：

$$I - \hat{I} = (I_0 - \hat{I}(0)\ e^{-\theta t} + e^{-\theta t}\int_0^t (P-\hat{P})e^{\theta \tau}d\tau$$

$$= (I_0 - \hat{I}(0))e^{-\theta t} + \frac{k_1}{\theta+\sqrt{a}}(e^{\sqrt{a}t} - e^{-\theta t}) + \frac{k_2}{\theta-\sqrt{a}}(e^{-\sqrt{a}t} - e^{-\theta t}). \tag{4.15}$$

综合以上各式得到最优生产率和最优库存水平满足：

$$P(t) = k_1 e^{\sqrt{a}t} + k_2 e^{-\sqrt{a}t} + \hat{P}, \tag{4.16}$$

$$I(t) = \hat{I} + (I_0 - I(0))e^{-\theta t} + \frac{k_1}{\theta+\sqrt{a}}(e^{\sqrt{a}t} - e^{-\theta t}) + \frac{k_2}{\theta-\sqrt{a}}(e^{-\sqrt{a}t} - e^{-\theta t}) \tag{4.17}$$

其中 $a = \theta^2 + \dfrac{h}{k}$,

$$\begin{cases} k_1 = \dfrac{1}{2}(1+\dfrac{\theta}{\sqrt{a}})(P_0 - \hat{P}(0) + \dfrac{h}{2k\sqrt{a}}(I_0 - \hat{I}(0)), \\[4mm] k_2 = \dfrac{1}{2}(1-\dfrac{\theta}{\sqrt{a}})(P_0 - \hat{P}(0) - \dfrac{h}{2k\sqrt{a}}(I_0 - \hat{I}(0)). \end{cases} \tag{4.18}$$

图 4.1（a）和 4.1（b）分别描绘了最优生产率与最优库存水平随时间变化的曲线图，其中各参数值为 $\hat{I} = 60$, $I_0 = 85$, $\hat{P} = 65$, $t_f = 10$, $\theta = 0.01$, $h = 2$, $k = 3$。

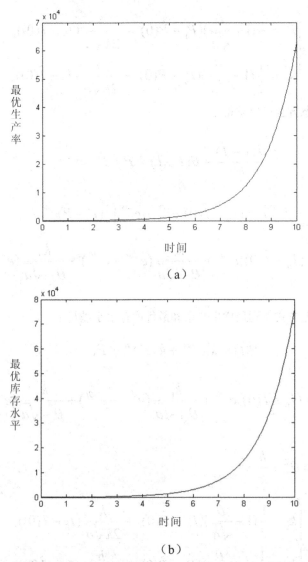

（a）

（b）

图 4.1 最优生产率与最优库存水平随时间变化曲线图

4.3.2 最优解耦点的位置

令 $J = J(T)$ 表示最优动态控制系统（4.1）的目标函数，则有：

$$\frac{\partial J}{\partial T} = \int_0^{t_f} \{h[I - \hat{I}]\frac{\partial I}{\partial T} + k[P - P]\frac{\partial P}{\partial T}\}dt \qquad （4.19）$$

注意到：

$$\frac{\partial I}{\partial T} = \frac{hP_0}{2k\sqrt{a}}\left(\frac{e^{\sqrt{a}t}}{\theta + \sqrt{a}} - \frac{e^{\sqrt{a}t}}{\theta - \sqrt{a}}\right),$$
（4.20）

$$\frac{\partial P}{\partial T} = \frac{hP_0}{2k\sqrt{a}}(e^{\sqrt{a}t} - e^{-\sqrt{a}t}).$$
（4.21）

根据式（4.16）—（4.21）可得：

$$\frac{\partial J}{\partial T} = \int_0^{t_f}\left[\frac{h^2 P_0}{2k\sqrt{a}}\left(\frac{k_1}{(\theta + \sqrt{a})^2}\right)e^{2\sqrt{a}t} + \frac{k}{h}(k_1 - k_2) - \frac{k_2}{(\theta - \sqrt{a})^2}e^{2\sqrt{a}t}\right)$$

$$+ \frac{hP_0}{2\sqrt{a}}(k_1 e^{2\sqrt{a}t} - (k_1 - k_2) - k_2 e^{-2\sqrt{a}t})]dt$$

$$= \int_0^{t_f}\left[e^{2\sqrt{a}t}\frac{hP_0 k_1}{2\sqrt{a}}\left(\frac{h}{k(\theta + \sqrt{a})^2} + 1\right) - e^{-2\sqrt{a}t}\frac{hP_0 k_2}{2\sqrt{a}}\left(\frac{h}{k(\theta - \sqrt{a})^2} + 1\right)dt\right)$$

$$= \frac{hP_0 k_1}{4a}\left(\frac{h}{k(\theta + \sqrt{a})^2} + 1\right)(e^{2\sqrt{a}t_f} - 1) + \frac{hP_0 k_2}{4a}\left(\frac{h}{k(\theta - \sqrt{a})^2} + 1\right)(-e^{-2\sqrt{a}t_f} - 1),$$
（4.22）

求得：

$$T^* = \left(1 - \frac{\hat{P}(0)}{P_0}\right)\frac{1 - e^{2\sqrt{a}t_f}}{(\sqrt{a} - \theta)e^{2\sqrt{a}t_f} + (\sqrt{a} + \theta)} + \frac{\hat{I}(0)}{P_0}$$
（4.23）

结论 4.1：T^* 满足式（4.23）为全局最优解当且仅当 $k \neq 0$。

证明：令 J 对 T^* 求二阶导数有

$$\frac{\partial^2 J}{\partial T^2} = \frac{h^2 P_0}{9ka\sqrt{a}}\left(\frac{he^{2\sqrt{a}t_f}}{k(\theta + \sqrt{a})^2} - \frac{he^{-2\sqrt{a}t_f}}{k(\theta - \sqrt{a})^2} + e^{2\sqrt{a}t_f} - e^{-2\sqrt{a}t_f} + \frac{4k\theta\sqrt{a}}{h}\right) > 0.$$
（4.24）

由于 $a = \theta^2 + \dfrac{h}{k}$，$0 < \theta < 1$，$h$、$k$ 均为非负常数，故原命题得证。

4.4 参数分析

在当今的市场环境下，许多的产品具有易逝性特征，易逝品供应链如电子产品、时尚品供应链的管理越来越重要。易逝率和产品生命周期是易逝品供应链管理中的关键因素。一方面，为了占据市场先机，企业应该持有一定的库存以快速地响应市场需求；另一方面，由于产品易逝性会导致库存管理成本与失效成本的上升，企业应该减少库存持有量。供应链管理者必须通过解耦点的合理定位实现库存成本与顾客响应速度之间的平衡，从而最大化供应链绩效。接下来将通过理论分析和数值模拟进一步研究易逝率和产品生命周期对最优解耦点位置的影响，以期为供应链管理者提供更为具体可靠的决策依据。

4.4.1 易逝率对最优解耦点的影响

易逝品供应链中，库存是一把双刃剑，生产库存管理与解耦点决策是一个关键问题。以电子产品供应链为例，巨大的市场需求要求企业能在短时间内快速的响应顾客需求，这势必需要一定的库存储备量。然而，消费者偏好的不确定性与多样性使得电子产品的淘汰速度加快，即具有较大的易逝率，一旦该商品失去市场价值，由于电子产品本身的价值相对较高，现有的库存将带来巨大的成本损失。

解耦点的合理定位一方面可以满足终端客户的提前要求，实现快速顾客需求响应；另一方面可以规避高库存带来的资金占用风险，减少易逝品使用价值和市场价值降低带来的损失。研究易逝率对解耦点定位的影响具有非常重要的意义。

根据模型描述与假设可知，企业在制定生产计划时，在前解耦点根据对市场需求的预测确定初始生产率，为了不出现短缺，要求初始生产率大于解耦点出的目标生产率。在此基础上分析易逝率与最优解耦点的关系，我们可以得到如下结论。

结论 4.2：最优解耦点是关于易逝率的单调递减函数。最优解耦点的位置随着易逝率的增大（减少）向供应链上游（下游）移动。

证明：根据式（4.23），令 T^* 对 θ 求一阶导数有：

$$\frac{\partial T^*}{\partial \theta} = (1 - \frac{\hat{P}(0)}{P_0}) \frac{-(\sqrt{a} - \theta)e^{4\sqrt{a}t_f} + 2\sqrt{a}(1 - 2\theta t_f)e^{2\sqrt{a}t_f} - (\sqrt{a} + \theta)}{\sqrt{a}[\sqrt{a} - \theta)e^{2\sqrt{a}t_f} + (\sqrt{a} + \theta)]^2} \tag{4.25}$$

由于 $a = \theta^2 + \dfrac{h}{k}$，故由于 $\sqrt{a} - \theta > 0$，$\sqrt{a} + \theta > 0$，$1 - 2\theta t_f$ 为非负的条件是 θ 足够小。又由于 $[-(\sqrt{a} - \theta)e^{4\sqrt{a}t_f} + 2\sqrt{a}(1 - 2\theta t_f)e^{2\sqrt{a}t_f} - (\sqrt{a} + \theta)]_{\theta=0} = 0$，

故当 θ 不为零时，即产品具有易逝性时，$\dfrac{\partial T^*}{\partial \theta} < 0$。命题得证。

最优解耦点与易逝率的关系见图 4.2。其中各参数的值设为 $h = 2$，$k = 3$，$\hat{I} = 60$，$I_0 = 85$，$\hat{p} = 65$，$t_f = 10$。

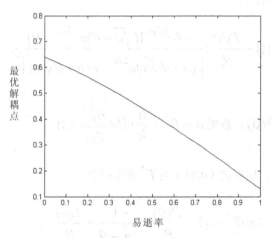

图 4.2 最优解耦点与易逝率的关系

结论 4.2 说明，当易逝率不断增大时，解耦点应向供应链上游移动以减少因产品易逝性而带来的库存成本损失。例如在电子产品供应链中，以手机为例，随着顾客需求的越来越多样化，对手机的功能要求越来越高，偏好变化也越来越快，解耦点在供应链中的位置应该向上游移动。这意味着手机生产商针对同一种产品不应该储存大量的产成品，库存应该更多地以标准化零

部件或半成品的形式存在，当客户订单下达之后再根据需求进行组装。这样一方面可以减少库存积压带来的成本上升，另一方面又能够有效地缩短交货期，较快地响应顾客需求。

4.4.2 产品生命周期对最优解耦点的影响

在我们的模型中，产品生命周期是一个关键参数。相对于以往的研究，本书的最优解是基于有限的产品生命周期得到的。通过进一步分析产品生命周期对最优解耦点的影响，我们得到如下结论：

结论 4.3：最优解耦点是关于产品生命周期的减函数。最优解耦点的位置随着产品生命周期的缩短（延长）向最终客户（上游供应商）移动。特别地，当 $t_f \to \infty$ 时，$T^* = (1 - \dfrac{\hat{P}(0)}{P_0}) \dfrac{-1}{(\sqrt{a} - \theta)} + \dfrac{I(0)}{P_0}$。证明：根据式（4.23），令 T^* 对 t_f 求一阶导数有：

$$\frac{\partial T^*}{\partial t_f} = (1 - \frac{\hat{P}(0)}{P_0}) \frac{-4e^{4\sqrt{a}t_f}[(\sqrt{a} - \theta)e^{2\sqrt{a}t_f} + \theta]}{\left[(a - \theta\sqrt{a})e^{2\sqrt{a}t_f} + (a + \theta\sqrt{a})\right]^2}. \qquad (4.26)$$

由于 $P_0 > \hat{P}(0)$，根据 $a = \theta^2 + \dfrac{h}{k}$ 可知 $\dfrac{\partial T^*}{\partial t_f} < 0$。

令 $t_f \to \infty$，根据式（4.23）对 T^* 求极限有：

$$\lim_{t_f \to \infty} T^* = (1 - \frac{\hat{P}(0)}{P_0}) \frac{-1}{\sqrt{a} - \theta} + \frac{\hat{I}(0)}{P_0} \qquad (4.27)$$

命题得证。

最优解耦点与产品生命周期的关系如图 4.3 所示，其中各参数值为：$h = 2$，$k = 3$，$\hat{I} = 60$，$I_0 = 85$，$\hat{p} = 65$，$\theta = 0.01$。

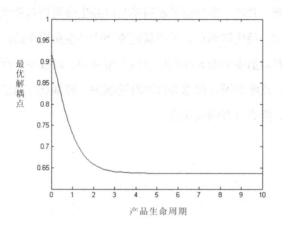

图 4.3 最优解耦点与产品生命周期的关系

结论 4.3 表明,当产品生命周期为无限时域时,最优解耦点的位置是固定的,仅由初始条件决定。在有限时域下，当产品生命周期缩短时，最优解耦点的位置应向最终客户移动。这是因为，产品生命周期越短，顾客愿意等待的时间越短，企业应该将解耦点向供应链下游移动以尽可能地缩短交付期，从而快速满足客户需求，抢占市场先机。

4.5 本章小结

现实中，大多数产品都会由于产品本身的特性或目标消费群的偏好等，随着时间的流逝其功效或价值将快速下降。传统的库存理论把库存的减少归结于消费者对商品的需求，而往往忽视商品变质腐烂和失去市场价值的情形。随着顾客需求越来越多样化，人们的偏好很可能在较短的时间可能发生较大的变化，从而导致产品生命周期缩短，更新换代的速度加快。在当今的市场环境下，易逝品成为一种普遍现象，易逝品供应链的管理具有重要的研究意义。

本章在上一章的基础上引入了易逝品的概念，建立了基于易逝品供应链的解耦点与生产库存联合决策模型。在假设生产率与库存水平的目标值设定也满足状态方程的前提下，通过最优控制理论同时得到了最优解耦点的位置与最优生产—库存计划。并进一步分析了易逝率与产品生命周期对最优解耦点位置的影响。研究表明，最优解耦点是关于易逝率和产品生命周期的减函数。最优解耦点的位置随着易逝率的增大而向供应链上游移动，以减少库存损失。当产品生命周期缩短，意味着顾客愿意等待的时间缩短，解耦点应向供应链下游移动以缩短交付期，提高顾客响应速度。

| 第 5 章 |

基于易逝率和时变需求的最优解耦点决策模型

5.1 模型构建

在上一章中研究了引入易逝品概念的生产库存与解耦点决策模型,然而在模型的假设中认为目标生产率与目标库存水平也满足状态方程。虽然目标值是决策者根据企业的战略目标设定的,然而目标值的设定往往与生产库存策略有关,因而在部分情况下,目标生产率与目标库存水平的关系不一定满足状态方程。因而本章将进一步放松模型的假设,研究一般情况下易逝品供应链中的最优解耦点与最优生产—库存联合决策模型。

在易逝品供应链中,客户需求是影响最优解耦点位置的关键因素之一,同时也是企业生产的导向。需求的显著特征是不确定性与动态性,这大大增加了需求预测的难度。需求预测不准确是生产与需求不匹配、库存居高不下的根本原因。消费者偏好变化快,需求多样化也是导致产品具有易逝性的主要原因。由此可见,需求的动态性与随机性对最优解耦点的定位与企业生产库存管理具有重要的影响意义。因此,有必要把需求的动态性纳入到解耦点决策与生产库存优化问题中。在本章的研究中,将重点研究基于易逝率与时变需求的最优解耦点决策与生产库存管理问题。

根据已有的研究和分析可知,引入易逝率与时变需求率的一般解耦点与生产库存联合动态决策模型为:

$$\begin{cases} \min J = \int_0^{t_f} \left\{ h[I(t) - \hat{I}(t)]^2 + k[P(t) - P(t)]^2 \right\} dt \\ s.t. \qquad \dot{I}(t) = -\theta I(t) + P(t) - D(t) \end{cases}$$

(5.1)

其中解耦点 T、生产率 $P(t)$ 和库存水平 $I(t)$ 均为决策变量，$t \in [0, t_f]$，仍然满足初始条件 $P(0) = P_0$，$I(0) = P_0 T$。

5.2 最优解的分析

5.2.1 最优生产—库存水平

运用相同的逻辑对模型（5.1）进行求解，模型的汉密尔顿方程满足：

$$H = \frac{1}{2} h[I - \hat{I}]^2 + \frac{1}{2} k[P - P]^2 + \lambda[-\theta I + P - D],$$

(5.2)

其中 λ 为伴随变量。根据庞特里亚金极大值原理有：

$$\dot{\lambda} = -h(I - \hat{I}) + \theta \lambda, \quad \lambda(t_f) = 0,$$

(5.3)

$$0 = \frac{\partial H}{\partial P} = k(P - \hat{P}) + \lambda$$

(5.4)

根据式（5.4），由于 $k \neq 0$ 可知 $P = -\frac{1}{k} \lambda + \hat{P}$，代入状态方程可得：

$$\dot{I} = -\theta I - \frac{1}{k} \lambda + \hat{P} - D$$

(5.5)

因而求解模型（5.1）等价于求解如下方程组：

$$\begin{cases} \dot{I} = -\theta I - \frac{1}{k} \lambda + \hat{P} - D, I(0) = I_0 \\ \dot{\lambda} = -hI + \theta \lambda + h\hat{I}, \lambda(t_f) = 0. \end{cases}$$

(5.6)

对（5.6）的第一个方程求解得到：

$$\frac{\lambda}{k} = -\dot{I} - \theta I + \hat{P} - D.$$

(5.7)

进一步求一阶导数有：

$$\ddot{I} = -\dot{\theta}I - \theta\dot{I} - \frac{1}{k}\dot{\lambda} + \dot{P} - \dot{D}. \tag{5.8}$$

根据式（5.6）—（5.7）得到，最优库存水平满足如下黎卡提方程：

$$\ddot{I} + (\theta^2 + \frac{h}{k})I = \theta(D - \hat{P}) - \frac{h}{k}I + \dot{P} - \dot{D}, \ I(0) = I_0, \tag{5.9}$$

其中伴随变量 λ 满足：

$$\ddot{\lambda} = (\theta^2 + \frac{h}{k})\lambda + h(\dot{I} + \theta I - P + D), \lambda(t_f) = 0, \tag{5.10}$$

最优生产率满足黎卡提方程：

$$= \frac{d^2(P - \hat{P})}{dt^2} = (\theta^2 + \frac{h}{k})(P - \hat{P}) - \frac{h}{k}(\dot{I} + \theta I - P + D), \tag{5.11}$$

且有：

$$P(0) = P_0, \ \dot{P}(0) = \theta(P_0 - \hat{P}(0)) + \frac{h}{k}(I_0 - I(0)) + \dot{P}(0). \tag{5.12}$$

根据以上各式，结合初始条件 $I_0 = I(0) = P_0 T$ 可以得到如下结果：
最优生产率为：

$$P = k_1 e^{\sqrt{a}t} + k_2 e^{-\sqrt{a}t} + c_1(t)e^{\sqrt{a}t} + c_2(t)e^{-\sqrt{a}t} + \hat{P}, \tag{5.13}$$

最优库存水平为：

$$I(t) = I_0 e^{-\theta t} + e^{-\theta t}\int_0^t P(\tau)e^{\theta\tau}d\tau - e^{-\theta t}\int_0^t D(\tau)e^{\theta\tau}d\tau$$

$$= I_0 e^{-\theta t} + \frac{k_1}{\theta + \sqrt{a}}(e^{\sqrt{a}t} - e^{-\theta t}) + \frac{k_2}{\theta - \sqrt{a}}(e^{-\sqrt{a}t} - e^{-\theta t})$$

$$+ e^{-\theta t}\int_0^t [c_1(\tau)e^{\sqrt{a}\tau} + c_2(\tau)e^{-\sqrt{a}\tau} + \hat{P}(\tau) - D(\tau)e^{\theta\tau}]d\tau, \tag{5.14}$$

其中 $a = \theta^2 + \dfrac{h}{k}$

$$
\begin{cases}
k_1 = \dfrac{1}{2}(1 + \dfrac{\theta}{\sqrt{a}})(P_0 - \hat{P}(0)) + \dfrac{h}{2k\sqrt{a}}(I_0 - I(0)) - c_1(0), \\[3mm]
k_2 = \dfrac{1}{2}(1 - \dfrac{\theta}{\sqrt{a}})(P_0 - \hat{P}(0)) - \dfrac{h}{2k\sqrt{a}}(I_0 - I(0)) - c_2(0),
\end{cases}
\tag{5.15}
$$

$$
\begin{cases}
c_1(t) = \displaystyle\int \left[-\dfrac{h}{2h\sqrt{a}} e^{-\sqrt{a}t}\left(\dot{\hat{I}} + \theta I(t) - P(t) + D(t) \right) \right] dt \\[4mm]
c_2(t) = \displaystyle\int \left[\dfrac{h}{2k\sqrt{a}} e^{\sqrt{a}t}\left(\dot{\hat{I}} + \theta I(t) - P(t) + D(t) \right) \right] dt
\end{cases}
\tag{5.16}
$$

5.2.2 最优解耦点的位置

令 $J = J(T)$ 表示最优动态控制系统（5.1）的目标函数，则有：

$$
\frac{\partial J}{\partial T} = \int_0^{t_f} \left\{ h[I - \hat{I}]\frac{\partial I}{\partial T} + k[P - P]\frac{\partial P}{\partial T} \right\} dt.
\tag{5.17}
$$

注意到：

$$
\frac{\partial I}{\partial T} = \frac{hP_0}{2k\sqrt{a}}\left(\frac{e^{\sqrt{a}t}}{\theta + \sqrt{a}} - \frac{e^{-\sqrt{a}t}}{\theta - \sqrt{a}} \right),
\tag{5.18}
$$

$$
\frac{\partial P}{\partial T} = \frac{hP_0}{2k\sqrt{a}}\left(e^{\sqrt{a}t} - e^{-\sqrt{a}t} \right).
\tag{5.19}
$$

因而：

$$
\frac{\partial J}{\partial T} = \int_0^{t_f} \left\{ h[I_0 e^{-\theta t} + e^{-\theta t}\int_0^t (P(\tau) - D(\tau))e^{\theta \tau}\, d\tau - \hat{I}(t)]\frac{hP_0}{2k\sqrt{a}}\left(\frac{e^{\sqrt{a}t}}{\theta + \sqrt{a}} - \frac{e^{-\sqrt{a}t}}{\theta - \sqrt{a}} \right) \right.
$$
$$
\left. + k[(k_1 + c_1(t))e^{\sqrt{a}t} + (k_2 + c_2(t))e^{-\sqrt{a}t}]\frac{hP_0}{2k\sqrt{a}}\left(e^{\sqrt{a}t} - e^{-\sqrt{a}t} \right) \right\} dt
\tag{5.20}
$$

根据式（5.13）—（5.16）进一步求解得到：

$$\frac{\partial J}{\partial T} = \frac{hP_0}{2k\sqrt{a}}\left\{\frac{hk}{2k\sqrt{a}}(P_0T - \hat{I}(0))(e^{(\sqrt{a}-\theta)t_f} - e^{-(\sqrt{a}+\theta)t_f})(\frac{e^{(\theta+\sqrt{a})t_f}}{\theta+\sqrt{a}} - \frac{e^{(\theta-\sqrt{a})t_f}}{\theta-\sqrt{a}})\right.$$

$$+\frac{k}{2\sqrt{a}}(P_0 - \hat{P}(0))(e^{(\sqrt{a}t_f} - e^{-(\sqrt{a}t_f})^2 + kI(0)(e^{(\sqrt{a}-\theta)t_f} - e^{(\sqrt{a}+\theta)t_f})$$

$$-k(e^{(\sqrt{a}-\theta)t_f} - e^{-(\sqrt{a}+\theta)t_f})(\frac{c_1(0)}{\theta+\sqrt{a}}(e^{(\theta+\sqrt{a})t_f} - 1) + \frac{c_2(0)}{\theta-\sqrt{a}}(e^{(\theta-\sqrt{a})t_f} - 1))$$

$$+k(e^{(\sqrt{a}-\theta)t_f} - e^{-(\sqrt{a}+\theta)t_f})\int_0^{t_f}(c_1(t)e^{(\theta+\sqrt{a})t} + c_2(t)e^{(\theta-\sqrt{a})t})dt$$

$$+k(e^{(\sqrt{a}-\theta)t_f} - e^{-(\sqrt{a}+\theta)t_f})\int_0^{t_f}(\hat{P}(t) - D(t))e^{\theta t}dt$$

$$-k\int_0^{t_f}(\hat{P}(t) - D(t))(e^{\sqrt{a}t} - e^{-\sqrt{a}t})dt$$

$$-h\int_0^{t_f}\hat{I}(t)(\frac{e^{\sqrt{a}t}}{\theta+\sqrt{a}} - \frac{e^{-\sqrt{a}t}}{\theta-\sqrt{a}})$$

$$= \frac{hP_0}{8a}(P_0 - \hat{P}(0))[2(e^{\sqrt{a}t_f} - e^{-\sqrt{a}t_f})^2 + \frac{\theta}{\sqrt{a}}(e^{-2\sqrt{a}t_f} - e^{2\sqrt{a}t_f})]$$

$$+\frac{hP_0}{8a\sqrt{a}}(P_0T - \hat{I}(0))[2(a - \theta\sqrt{a})e^{2\sqrt{a}t_f} - 2(a + \theta\sqrt{a})e^{-2\sqrt{a}t_f} + 4\theta\sqrt{a}]$$

$$-\frac{hP_0}{2\sqrt{a}(\theta+\sqrt{a})}c_1(0)[e^{-(\sqrt{a}+\theta)t_f} + e^{2\sqrt{a}t_f} - e^{-(\sqrt{a}-\theta)t_f} - 1]$$

$$-\frac{hP_0}{2\sqrt{a}(\theta-\sqrt{a})}c_2(0)[e^{-(\sqrt{a}+\theta)t_f} + e^{-2\sqrt{a}t_f} - e^{(\sqrt{a}-\theta)t_f} - 1]$$

$$-\frac{hP_0}{2\sqrt{a}}\hat{I}(0)[e^{-(\sqrt{a}+\theta)t_f} - e^{-(\sqrt{a}-\theta)t_f}]$$

$$+\frac{hP_0}{2\sqrt{a}}\int_0^{t_f}\hat{I}(t)[(\theta-\sqrt{a})e^{\sqrt{a}t} - (\theta+\sqrt{a})e^{-\sqrt{a}t}]dt$$

$$+\frac{hP_0}{2\sqrt{a}}[e^{(\sqrt{a}-\theta)t_f}-e^{-(\sqrt{a}+\theta)t_f}]\int_0^{t_f}[c_1(t)e^{(\theta+\sqrt{a})t}+c_2(t)e^{(\theta-\sqrt{a})t}]dt$$

$$+\frac{hP_0}{2\sqrt{a}}\int_0^{t_f}[\hat{P}(t)-D(t)][(e^{(\sqrt{a}-\theta)t_f}-e^{-(\sqrt{a}+\theta)t_f})e^{\theta t}+e^{-\sqrt{a}t}-e^{\sqrt{a}t}]dt,$$

$$（5.21）$$

根据式（5.16）可知，$c_1(0)=c_2(0)=0$。

令 $\dfrac{\partial J}{\partial T}=0$，求得最优解耦点满足：

$$T^*=\frac{\dot{I}(0)}{P_0}\left(1+\frac{2\sqrt{a}}{(\sqrt{a}-\theta)e^{2\sqrt{a}t_f}-(\sqrt{a}+\theta)e^{-2\sqrt{a}t_f}+2\theta}(e^{-(\sqrt{a}+\theta)t_f}-e^{(\sqrt{a}-\theta)t_f})\right)$$

$$-\frac{2\sqrt{a}}{P_0\left((\sqrt{a}-\theta)e^{2\sqrt{a}t_f}-(\sqrt{a}+\theta)e^{-2\sqrt{a}t_f}+2\theta\right)}\left\{\frac{P_0-\hat{P}(0)}{2\sqrt{a}}((e^{\sqrt{a}t_f}-e^{-\sqrt{a}t_f})^2\right.$$

$$+\frac{\theta}{2\sqrt{a}}(e^{-2\sqrt{a}t_f}-e^{2\sqrt{a}t_f})+\int_0^{t_f}\hat{I}(t)\left((\theta-\sqrt{a})e^{\sqrt{a}t}-(\theta+\sqrt{a})e^{-\sqrt{a}t}\right)dt$$

$$+(e^{(\sqrt{a}-\theta)t_f}-e^{-(\sqrt{a}+\theta)t_f})\int_0^{t_f}(c_1(t)e^{(\theta+\sqrt{a})t}+c_2(t)e^{(\theta-\sqrt{a})t})dt$$

$$\left.+\int_0^{t_f}(\hat{P}(t)-D(t))((e^{(\sqrt{a}-\theta)t_f}-e^{-(\sqrt{a}+\theta)t_f})e^{\theta t}+e^{-\sqrt{a}t}-e^{\sqrt{a}t})dt\right\}.\quad（5.22）$$

从式（5.22）可以看出，由于目标生产率与库存水平 $\hat{P}$、$\hat{I}$ 未知，求得的最优解耦点的解析式非常复杂，难以直接得到能够有效改善供应链管理绩效的指导性建议与结论。因而接下来将进一步在零库存生产模式与平滑生产模式下对最优解耦点的性质进行分析。

5.3 零库存生产模式下的最优解

在零库存生产模式下，目标值满足 $\hat{I}(t) = 0$，$\hat{P}(t) = D(t)$。因而零库存生产模式下的动态控制模型变为：

$$\begin{cases} \min J = \int_0^{t_f} \left\{ h[I(t)]^2 + k[P(t) - \hat{P}(t)]^2 \right\} dt \\ s.t. \qquad \dot{I}(t) = -\theta I(t) + P(t) - D(t) \end{cases} \quad (5.23)$$

由于 $c_1(0) = c_2(0) = 0$，且 $\hat{I}(t) = 0$，$\hat{P}(t) = D(t)$，故

$$P = k_1 e^{\sqrt{a}t} + k_2 e^{-\sqrt{a}t} + D(t) \quad (5.24)$$

$$I(t) = I_0 e^{-\theta t} + \frac{k_1}{\theta + \sqrt{a}}(e^{\sqrt{a}t} - e^{-\theta t}) + \frac{k_2}{\theta - \sqrt{a}}(e^{-\sqrt{a}t} - e^{-\theta t}), \quad (5.25)$$

其中 $a = \theta^2 + \dfrac{h}{k}$

$$\begin{cases} k_1 = \dfrac{1}{2}(1 + \dfrac{\theta}{\sqrt{a}})(P_0 - D(0)) + \dfrac{h}{2k\sqrt{a}}I_0, \\ k_2 = \dfrac{1}{2}(1 - \dfrac{\theta}{\sqrt{a}})(P_0 - D(0)) - \dfrac{h}{2k\sqrt{a}}I_0. \end{cases} \quad (5.26)$$

进一步可知：

$$\frac{\partial J}{\partial T} = \frac{hP_0}{8a}(P_0 - D(0))(2(e^{\sqrt{a}t_f} - e^{-\sqrt{a}t_f})^2 + \frac{\theta}{\sqrt{a}}(e^{-2\sqrt{a}t_f} - e^{2\sqrt{a}t_f}))$$

$$+ \frac{hP_0}{8a\sqrt{a}}(P_0 T)(2(a - \theta\sqrt{a})e^{2\sqrt{a}t_f} - 2(a + \theta\sqrt{a})e^{-2\sqrt{a}t_f} + 4\theta\sqrt{a}), \quad (5.27)$$

同样令 $\dfrac{\partial J}{\partial T} = 0$ 求得：

$$T^* = \frac{D(0) - P_0}{P_0} \frac{(2\sqrt{a} - \theta)e^{2\sqrt{a}t_f} + (2\sqrt{a} + \theta)e^{-2\sqrt{a}t_f} - 4\sqrt{a}}{2\sqrt{a}((\sqrt{a} - \theta)e^{2\sqrt{a}t_f} - (\sqrt{a} + \theta)e^{-2\sqrt{a}t_f} + 2\theta)} \quad (5.28)$$

根据式（5.24）—（5.28）可以得到如下结论：

结论 5.1：在零库存生产模式下，最优解耦点的位置与最优库存水平与需求的变化无关，而最优生产率随着需求的变化时刻发生变化。

证明：根据以上各式易知，最优生产率 $P(t)$ 与时变需求 $D(t)$ 相关，而最优库存水平 $I(t)$ 与最优解耦点 T^* 仅与初始需求 $D(0)$ 有关。

结论 5.1 说明，由于零库存生产模式的基本理念是为了防止产生不必要的库存，即满足目标 $\hat{I}(t)=0$，实施该生产模式的企业，当前解耦点阶段的库存耗尽之前不进行生产，在库存量变为 0 后，其生产制造根据客户的实际需求进行，即 $\hat{p}(t)=D(t)$。因而，后解耦点阶段的生产过程其实就是真正意义的零库存生产。

当 $\theta=0$，即产品不存在易逝率时，令 $\hat{I}$，$\hat{p}$，D 为常数，可以得到：

$$T^* = \frac{1}{2} \frac{(D-P_0)(e^{2\sqrt{h/k}t_f} + e^{-2\sqrt{h/k}t_f})}{P_0\sqrt{\frac{k}{h}}(e^{2\sqrt{h/k}t_f} - e^{-2\sqrt{h/k}t_f})} \tag{5.29}$$

与式（3.28）等价，同样可以得到结论 3.4。

5.4 平滑生产模式下的最优解

5.4.1 最优解耦点

在平滑生产模式下，生产率为固定常数，又由于初始生产率为 P_0，因而有：$P(t)=\hat{P}=P_0$。故目标生产率与实际生产率之间的惩罚成本 $k\left(P(t)-\hat{P}(t)\right)^2=0$。原动态控制系统变为：

$$\begin{cases} \min J = \int_0^{t_f} \left[h\left(I(t)-\hat{I}\right) \right]^2 dt \\ s.t. \quad \dot{I}(t) = -\theta I(t) + P_0 - D(t) \end{cases} \tag{5.30}$$

运用相同的逻辑得到：

$$I(t) = I_0 e^{-\theta t} + e^{-\theta t} \int_0^t (P - D(\tau)) e^{\theta \tau} d\tau \qquad (5.31)$$

$$= PT e^{-\theta t} + e^{-\theta t} \int_0^t (P - D(\tau)) e^{\theta \tau} d\tau.$$

$$\frac{\partial J}{\partial T} = \int_0^{t_f} h(I - \hat{I}) \frac{\partial I}{\partial T} dt$$

$$= \frac{Ph}{2\theta} (PT(1 - e^{-2\theta t_f}) + \frac{P}{\theta}(1 + e^{-2\theta t_f} - 2e^{-\theta t_f})$$

$$+ \int_0^{t_f} D(t) e^{\theta t} (e^{-2\theta t_f} - e^{-2\theta t}) dt - 2\theta \int_0^{t_f} \hat{I}(t) e^{-\theta t} dt). \qquad (5.32)$$

令 $\dfrac{\partial J}{\partial T} = 0$，可得最优解耦点

$$T^* = \frac{\dfrac{P}{\theta}\left(1 + e^{-2\theta t_f} - 2e^{-\theta t_f}\right) + \int_0^{t_f} D(t) e^{\theta t} (e^{-2\theta t_f} - e^{-2\theta t}) dt - 2\theta \int_0^{t_f} \hat{I}(t) e^{-\theta t} dt}{P\left(e^{-2\theta t_f} - 1\right)}$$

$$(5.33)$$

5.4.2　最优解耦点与时变需求分析

上述分析给出了平滑生产模式下最优解耦点的解析解。从式（5.33）可以看出，由于 $D(t)$ 的形式未知，$\dfrac{\partial T^*}{\partial D(t)}$ 无法求得确切结果。为了进一步分析最优解耦点的位置与需求的关系，对需求的具体形式做如下假设。

（1）若需求为常数，即 $D(t) = D$，通过分析可以得到如下结论。

结论 5.2：当 $D(t) = D$ 时，$\dfrac{\partial T^*}{\partial D} > 0$，最优解耦点 T^* 是需求 D 的增函数。即当需求为常数时，需求增大（减少）导致最优解耦点向供应链下游（上游）移动。

证明：若 $D(t) = D$，根据式（5.33）有：

$$T^* = \frac{\dfrac{P}{\theta}\left(1 + e^{-2\theta t_f} - 2e^{-\theta t_f}\right) + D\int_0^{t_f} e^{\theta t} (e^{-2\theta t_f} - e^{-2\theta t}) dt - 2\theta \int_0^{t_f} \hat{I}(t) e^{-\theta t} dt}{P\left(e^{-2\theta t_f} - 1\right)}$$

$$(5.34)$$

$$\frac{\partial T^*}{\partial D} = \frac{e^{-2\theta t_f}\left(e^{\theta t_f}-1\right)+\left(e^{-\theta t_f}-1\right)}{P\theta\left(e^{-2\theta t_f}-1\right)}$$

$$= \frac{-e^{-2\theta t_f}+2e^{-\theta t_f}-1}{P\theta\left(e^{-2\theta t_f}-1\right)}$$

$$= \frac{1-e^{-\theta t_f}}{P\theta\left(e^{-\theta t_f}+1\right)}.$$

（5.35）

由于易逝率 $0<\theta<1$，产品的生命周期 $t_f>0$，所以 $e^{-\theta t_f}<1$，因而，

$\frac{\partial T^*}{\partial D}>0$。

结论 5.2 说明，需求的变化引起解耦点的上下移动以平衡客户订单延迟成本与库存成本。当市场需求增大时，企业应该提高库存储备并将解耦点向最终客户移动，以提高顾客需求响应速度。而当市场需求减少时，解耦点向供应链上游移动能够减少库存积压成本与资金占用成本，提高供应链效益。

（2）设时变需求 $D(t)=(\alpha-\beta\xi)e^{\eta t}$，其中，$\eta$ 表示需求对时间的弹性指数，ξ 表示商品价格，由于需求为非负的，故有 $(a-\beta\xi)>0$。则需求 $D(t)$ 是关于价格的线性递减函数（$\beta>0$），是关于时间的指数衰减（增长）函数当 $\eta<0$（$\eta>0$）。给定一个任意的 η，这种线性与指数函数复合乘积的形式能够反映大多数需求随时间变化的情形。通过进一步分析最优解耦点 T^* 与需求 $D(t)$ 的关系，可以得到如下结论：

结论 5.3：若 $D(t)=(\alpha-\beta\xi)e^{\eta t}$，则 $\frac{\partial T^*}{\partial\eta}>0$，最优解耦点 T^* 是关于需求的时间弹性指数 η 的增函数。

证明：将 $D(t)=(\alpha-\beta\xi)e^{\eta t}$ 代入式（5.33）有：

$$T^* = \frac{\frac{P}{\theta}\left(1+e^{-2\theta t_f}-2e^{-\theta t_f}\right)+(\alpha-\beta\xi)\int_0^{t_f}e^{\eta t}e^{\theta t}\left(e^{-2\theta t_f}-e^{-2\theta t}\right)dt-2\theta\int_0^{t_f}\hat{I}(t)e^{-\theta t}dt}{P\left(e^{-2\theta t_f}-1\right)}$$

（5.36）

故：

$$\frac{\partial T^*}{\partial \eta} = \frac{\alpha - \beta \xi}{P(e^{-2\theta t_f} - 1)} \frac{\partial}{\partial \eta} \int_0^{t_f} e^{\eta t} e^{\theta t} \left(e^{-2\theta t_f} - e^{-2\theta t} \right) dt$$

$$= \frac{\alpha - \beta \xi}{P(e^{-2\theta t_f} - 1)} \int_0^{t_f} t e^{\eta t} e^{\theta t} \left(e^{-2\theta t_f} - e^{-2\theta t} \right) dt \tag{5.37}$$

由于 $e^{-2\theta t_f} < 1$，$(\alpha - \beta \xi) > 0$，根据 $t_f \geq t$ 可知 $e^{-2\theta t_f} \leq e^{-2\theta t}$，故

$\frac{\partial T^*}{\partial \eta} > 0$，命题得证。

结论 5.3 表明，当弹性指数 η 增大（减小）时，最优解耦点向供应链下游（上游）移动。这是因为当市场需求增大时，企业应该提高库存储备并将解耦点向最终客户移动，以提高顾客需求响应速度。而当市场需求减少时，解耦点向供应链上游移动能够减少库存积压成本与资金占用成本，提高供应链效益。具体地，当 $\eta > 0$ 时，η 增大代表需求随时间增长的速度加快，为了快速响应急剧上升的市场需求，解耦点应向下游客户移动；反之当 η 减小时解耦点应向上游移动。当 $\eta < 0$ 时，η 增大表示需求随时间的衰减延缓，特别地，当 $\eta \to -0$ 时，需求几乎不随着时间的变化而减少，这时，解耦点应该尽可能地向最终客户靠近以提高订单响应速度；反之，η 减少说明需求随时间衰减的速度加快，解耦点应向上游移动以减少库存积压，提高客户定制化水平。

值得指出的是，与以往的分析中认为需求弹性指数增大时解耦点应向供应链上游移动不同，这里的 η 指的是需求对时间的敏感系数，η 的变化代表需求随时间增长或衰减的程度，而不是需求随时间上下波动的程度。根据以上两点假设也可以验证，当 $D(t) = (\alpha - \beta \xi) e^{\eta t}$ 时，有 $f^{-1}(\eta) = \frac{1}{t} \ln \left(\frac{D(t)}{\alpha - \beta \xi} \right)$，由此可知 η 是 $D(t)$ 的增函数，由单调函数的传递性可知最优解耦点 T^* 是需求的增函数，与结论 5.2 相符。

结论 5.4：若 $D(t) = (\alpha - \beta \xi) e^{\eta t}$，则 $\frac{\partial T^*}{\partial \xi} < 0$，最优解耦点 T^* 是关于价格 ξ 的减函数。

证明：由式（5.36）可知

$$\frac{\partial T^*}{\partial \xi} = \frac{-\beta}{P(e^{-2\theta t_f}-1)} \int_0^{t_f} e^{\eta t} e^{\theta t} \left(e^{-2\theta t_f} - e^{-2\theta t}\right) dt \qquad (5.38)$$

由于 $e^{-2\theta t_f} < 1$，$\beta > 0$，根据 $t_f \geq t$ 可知 $e^{-2\theta t_f} \leq e^{-2\theta t}$，故 $\frac{\partial T^*}{\partial \xi} < 0$，命题得证。

结论 5.4 表明当价格增加（减少）时，最优解耦点向供应链上游（下游）移动。当产品价格上升，解耦点向供应链上游移动一方面减少库存积压成本，另一方面提高客户定制化水平。而产品价格降低时，解耦点向下游移动以适应批量生产，减少单位生产成本，同时提高客户需求响应水平。

5.5 数值模拟

根据式（5.33）可知，由于积分函数的复杂性，$\frac{\partial T^*}{\partial \theta}$ 不能得到满意的结果。因而最优解耦点 T^* 与易逝率 θ 的关系将利用 Matlab 进行数值模拟以进一步分析。此外，我们将通过数值模拟研究最优生产率、最优库存水平与目标值之间的关系。在数值模拟过程中，假设客户需求满足 $D(t) = (\alpha - \beta \xi)e^{\eta t}$。

数例 1:在零库存生产模式下，设 $\theta = 0.3$，$h = 1$，$k = 2.5$，$P_0 = 180$（批量 / 年），$I_0 = 50$（批量 / 年），$t_f = 4$（年），$D(0) = 200$（批量 / 年），客户需求 $D(t) = 200e^{\eta t}$，$\eta = 0.28$。将参数值代入式（5.24）—（5.26），通过 Matlab 进行数值模拟，得到最优生产率与目标生产率、最优库存水平与目标库存水平之间的关系分别如图 5.1（a）与 5.1（b）所示。

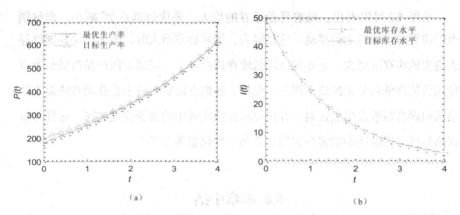

（a）　　　　　　　　　　　　（b）

图 5.1　最优生产—库存水平与目标生产—库存水平之间的关系

图 5.1（a）显示，最优生产率随着时间的推移向目标生产率收敛。同样 5.1（b）也表明最优库存水平在不断地向目标库存水平靠近，并逐渐趋向于零。这表明通过决策模型得到的最优解与企业的目标一致，最终实现实时生产—库存水平与目标生产—库存水平之间的偏差惩罚成本最小化。

数例 2：在平滑生产模式下，设需求函数 $D(t) = (\alpha - \beta\xi)e^{\eta t}$，其中 $\alpha = 200$，$\beta = 4$，$\xi = 20$（\$ / 批量），η 分别取 0.86、0.92、0.98。设目标生产率 $\hat{P}(t) = P_0 = 500$（批量 / 年），目标库存率 $\hat{I}(t) = 150$（批量 / 年），产品的计划周期即生命周期 $t_f = 4$（年）。将参数值代入式（5.33），通过 Matlab 进行数值模拟，最优解耦点的位置与易逝率 θ 的关系如图 5.2 所示。

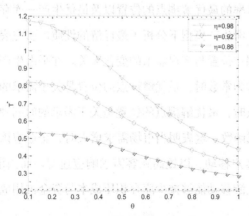

图 5.2　最优解耦点 T^* 与易逝率 θ 的关系

从图 5.2 可以看出，随着易逝率 θ 的增大，最优解耦点 T^* 减小，即解耦点的位置向供应链上游移动。这是因为，当易逝率增大时，由于产品易逝性导致的失效库存量增大，企业应该降低库存持有水平，以减少因产品市场价值或使用价值降低而带来的成本损失。此外，解耦点向供应链上游移动意味着生产活动向顾客需求发生点延迟，客户订单在供应链中的渗透程度加深，这样可以提高易逝品供应链中的客户定制水平与个性化服务水平。

5.6 本章小结

在上一章中，我们基于易逝品供应链研究了满足特定约束方程的最优解耦点与生产库存联合决策模型。然而在实际情况中，目标生产率与库存水平并不一定满足该特定的约束方程。因而本章进一步放松了模型的假设条件，建立了最优解耦点与生产库存管理的一般动态决策模型。在易逝品供应链中，客户需求是影响最优解耦点位置的关键因素之一，同时也是企业生产的导向。需求预测不准确是生产与需求不匹配、库存居高不下的根本原因。需求的显著特征是不确定性与动态性。本章的一般动态模型重点分析了易逝率与时变需求对最优解耦点的决策以及生产库存管理的影响。

通过运用最优控制理论对该一般化的动态模型进行分析，同时得到了基于易逝率和时变需求率的最优解耦点的位置以及最优生产—库存水平。并进一步在零库存生产与平滑生产模型下分析了最优解的性质。研究表明，零库存生产模式下的最优解耦点位置与客户需求的变化无关。在平滑生产模式下，存在最优解耦点，当需求为常数时，最优解耦点的位置是关于需求的增函数，当需求为时间的指数函数时，最优解耦点的位置是关于需求的时间弹性指数 η 的增函数，是价格 ζ 的减函数。这表明当市场需求增大时，企业应该提高库存储备并将解耦点向最终客户移动，以提高顾客需求响应速度。而当市场需求减少时，解耦点向供应链上游移动能够减少库存积压成本与资金占用成本，提高供应链效益。

　　此外，本章还通过数值模拟分析了最优生产—库存水平的变化趋势以及易逝率对最优解耦点位置的影响。研究表明，最优生产—库存水平随着时间的推移不断向目标生产—库存水平靠近，最终实现生产—库存水平与目标生产—库存水平之间的偏差惩罚成本最小化。随着易逝率 θ 的增大，最优解耦点的位置向供应链上游移动，以减少因产品易逝性导致的库存成本的上升，提高易逝品供应链中的客户定制化水平。

| 第 6 章 |

供应链优化决策与协调的相关理论

供应链是由多个子系统共同组成的复杂系统，要达到供应链整体系统最优化通常先采用分解协调技术将该复杂系统分解成多个相对简单的子系统，再分别实现各个子系统的局部最优，最后根据供应链系统的整体目标使各个系统互相配合与协调来达到整条供应链的最优目标。整体供应链的根本目标就是降低供应链总成本，提高其经济效益达到整体期望效用最大化。当以期望效用最大化为目标时，该目标将会分解到各个子系统并成为子系统的目标，再通过系统协调作用来达到整体效用最大化。因此，本章重点在于分析风险条件下的供应链决策理论以及供应链子系统的优化决策理论与供应链协调运作的相关理论。

6.1 风险条件下的供应链决策理论

以前大量的文献研究都是基于决策者是完全理性的条件做出最优的决策，但是实际上供应链内外存在很多不确定因素，即存在风险的情况下，决策者通常是根据自身对风险的态度做出相应的决定，一般达不到完全理性状态下的最优决策。决策者对于风险的态度主要存在风险中性、风险厌恶以及风险喜好三种情况。因此，在之后的研究中学者们通常一方面会放松决策者风险中性偏好的基本假设条件，另一方面也会利用更加能反映出决策者风险偏好的检测方法。

在本节中我们着重介绍以下四种在风险厌恶条件下的决策模型。

6.1.1　基于期望效用理论的决策模型

在实际决策工作中，决策问题中通常都会存在不确定性因素，例如，在采购商采购时就面临着市场需求的不确定。这类决策问题中通常都用包含着随机变量的随机决策模型来进行决策选择。对于这类随机决策问题，通常利用期望效用理论来解决。期望效用决策模型最初是由 Daniel Bernoulli 提出用来解决决策问题的。在之后的发展中，Neumann 和 Morgenstern 将现代的期望效用决策模型描述为在可以观察到的结果中存在的不减少的效用函数。也就是说理性的决策者会根据一个不减少的效用函数 $u(\bullet)$，在两个随机结果 X 和 Y 中，当且仅当 X 的期望效用大于 Y 的期望效用时，决策者才会认为 X 优于 Y。决策者是根据期望效用的大小来进行选择的。因此，决策者在进行决策时的决策模型为：

$$\max_{x \in X} E\left[u(\phi_x)\right] \tag{6.1}$$

其中 ϕ_x 为随机变量的可测函数。

在上式的最大决策模型中，当随机结果代表是利润时，风险厌恶决策者就应拥有不减少且具有凹性的效用函数。因此，最具代表的同时含有不减少和凹性的期望效用函数决策模型为：

$$\max_{x \in X} E\left[-e^{-\phi_x}\right] \tag{6.2}$$

从以上分析的期望效用决策模型来看，它的决策过程直接明了。但是在实际运用中存在以下问题：首先，要想准确描述出每个决策者效用函数的具体效用准则，即效用函数的具体表达式是很困难的，甚至是不可能的。其次，在期望效用决策模型中也会存在违背该决策模型结果的现象，例如 Allais（1953）[169]及 Ellsberg（1961）[170]的研究中就提出了相关的结论。

6.1.2　基于随机占优理论的决策模型

对于期望效用决策模型中存在的缺陷，在随机占优决策模型中能得到很好的解决。随机占优理论可以仅根据效用函数的一些性质，例如增减性质、凹凸性等，就能向决策者提供具有价值的决策方案。随机占优的概念是在六十年代末由 Hadar J[171] 及 Hanoch G[172] 提出的，并广泛应用于统计和经济领域（Quirk and Saposnik，1962；Rothschild and Stiglitz，1969）[173-174]。

随机占优理论中的重要特点在于其效用函数具有通用特征。在随机占优理论中要实现随机结果 X 优于 Y，当且仅当 X 的期望效用优于任何一个效用函数下 Y 的期望效用。因此，随机占优可以简要概括为通过效用函数的方法剔除相对劣势的方案，并将其可行的方案进行排序。基于随机占优理论下的决策过程如下：

假设存在两个随机变量 X、Y，且这两个变量都定义在相同的可测量的可行空间 (Ω, P)。其中，Ω 为变量的样本空间；P 为每个样本发生的概率。根据随机占优决策模型，首先，第一等随机占优就在于随机结果 X 优于 Y，那么就等价于随机结果 X 至少优于在每一个自然状态下的 Y 结果。在第一等随机占优下，每一个决策者都会选择随机结果 X，不必考虑任何绩效函数，也不完全相关于风险偏好理论。可以根据以下关系表来说明第一等随机占优的具体含义。

表 6.1 第一等随机占优的例子证明

	ω_1	ω_2
X	−1	3
Y	−1	−1

从表 6.1 中可知 $\Omega = \{\omega_1, \omega_2\}$，$P(\omega_1), P(\omega_2)$ 之间存在关系式 $P(\omega_1) = 1 - P(\omega_2)$，且两者能从 0—1 中任意取值。随机变量 X、Y 在任何自然状态 ω_1、ω_2 下都具有各自的值，可以看到 $X(\omega)$ 在 ω_1、ω_2 下都优于 $Y(\omega)$。因此，在这种情况下 X 优于 Y 就称为第一等随机占优。第二等和第三等随机占优都分别与第一等和第二等随机占优相关，即第 $K + 1$ 等随机占优与第 K 等随机占优相关 $(K \in N)$。

定义第一等的累积概率函数为：

$$F_X^{(1)}(\eta) = F_X(\eta) = P(X \leq \eta) \ \forall \eta \in R \tag{6.3}$$

其中，$F_X(\eta) = P(X \le \eta)$ 是关于随机变量 X 的一个右连续累积概率函数。因此，我们将 $X \ge_{(1)} Y$ 表示为第一等随机占优（FSD）。Lehmann（1955）[175] 和 Quirk/Saposnik（1962）将其定义为：

$$X \ge_{(1)} Y \Leftrightarrow F_X^{(1)} \le F_Y^{(1)} \ \forall \eta \in R \tag{6.4}$$

这也就是说对于任何结果 $\eta \in R$，X 相对于和 Y 得到同样的结果或者更好于 Y 的结果时都会有一个更高的概率。

在分布函数 F_X 下，定义第二等累积概率函数为：

$$F_X^{(2)}(\eta) = \int_{-\infty}^{\eta} F_X(\alpha) d\alpha \ \forall \eta \in R \tag{6.5}$$

显然，$F_X^{(2)}(\eta)$ 是凸性的、非负以及不减的连续函数。如果 $F_X(\eta^0) > 0$，那么在 $\forall \eta > \eta^0$ 下，$F_X^{(2)}(\eta)$ 是严格递增的。

因此，第二等随机优势（SSD）可以表示为 $X \ge_{(2)} Y$，Hadar、Russell（1969）以及 Hanoch、Levy（1969）将其定义为：

$$X \ge_{(2)} Y \Leftrightarrow F_X^{(2)} \le F_Y^{(2)} \ \forall \eta \in R \tag{6.6}$$

在风险下的决策中，第二等随机占优扮演着很重要的角色。函数 $F_X^{(2)}$ 同样可以表示为期望不足。也就是说，对于每个目标价值 η 都有：

$$
\begin{aligned}
F_X^{(2)}(\eta) &= \int_{-\infty}^{\eta} (\eta - \xi) P_X(d\xi) \\
&= E\left[\max\{\eta - X, 0\} \right] = P\{X \le \eta\} E\{\eta - X \mid X \le \eta\} \\
&= E\left[(\eta - X)_+ \right]
\end{aligned}
\tag{6.7}
$$

因此，第二等随机占优关系式同样可以表示为以下不等式：

$$E\left[(\eta - X)_+\right] \le E\left[(\eta - Y)_+\right] \ \forall \eta \in R \tag{6.8}$$

同样可以得到第三等随机占优关系式，第三等累积概率函数可被定义为：

$$F_X^{(3)}(\eta) = \int_{-\infty}^{\eta} F_X^2(\xi) d\xi \ \forall \eta \in R \tag{6.9}$$

第三等随机占优（TSD）可以表示为 $X \ge_{(3)} Y$，并且具有以下表达式：

$$X \geq_{(3)} Y \Leftrightarrow F_X^{(3)}(\eta) \leq F_Y^{(3)}(\eta) \ \forall \eta \in R \qquad (6.10)$$

对于至少一个 η 能满足不等式 $F_X^{(3)}(\eta) \leq F_Y^{(3)}(\eta) \ \forall \eta \in R$，就说在第三等随机占优下 X 优于 Y。

同理可以得到第 K 等随机占优关系式，第 K 等累积概率函数可被定义为：

$$F_X^{(k)}(\eta) = \int_{-\infty}^{\eta} F_X^{k-1}(\xi) d\xi \ \forall \eta \in R \ k = 3,4,...,m+1 \qquad (6.11)$$

第 K 等随机占优（KSD）可以表示为 $X \geq_{(k)} Y$，Ogryczak 和 Ruszczynski（2001）[176] 将其定义为：

$$X \geq_{(k)} Y \Leftrightarrow F_X^{(k)}(\eta) \leq F_Y^{(k)}(\eta) \ \forall \eta \in R \qquad (6.12)$$

因此，对于至少一个 η 能满足不等式 $F_X^{(k)}(\eta) \leq F_Y^{(k)}(\eta) \ \forall \eta \in R$，就说在第 K 等随机占优下 X 优于 Y。

但是，随机占优方法并没有提供一个简单方便的计算方法，实际上它是一个连续的多标准模型。因此该方法更多的被认为是一个约束条件或者作为一个特定方法是否合适的参考标准。

在这里使用第 K 等随机占优的最优决策模型如下：

$$\max E[\phi_x]$$

约束条件：
$$\phi_x \geq_{(k)} Y$$
$$x \in X \qquad (6.13)$$

模型中使用随机基准效用，在随机结果 ϕ_x 优于随机基准效用时通过决策变量 x 选择最大的期望结果。

因此，随机占优决策模型可以通过决策者的部分偏好信息，将可行的方案进行排序，得到最优决策方案。

6.1.3 机会约束理论的决策模型

在一定约束条件下来测量风险的概率为：

$$P(\phi_x \geq \eta) \geq 1-\alpha \qquad (6.14)$$

其中 η 是指固定目标值；$\alpha \in (0,1)$ 是指背离随机约束（$\phi_x \geq \eta$）的最大风险水平。

因此，具有以下最优决策模型：

$$\max E[\phi_x]$$

约束条件：
$$P(\phi_x \geq \eta) \geq 1 - \alpha$$
$$x \in X \tag{6.15}$$

这个模型最初是由 Charnes、Cooper 和 Symonds（1958）[177]以及 Prekopa（1970）[178]提出，并得到发展。Prekopa（2003）对机会约束下的优化理论状态进行了全面概述。理论上，机会约束是第一等随机优势关系式的一个简单模式，因此也会涉及到期望效用理论，但是总的来说，这两个关系式是不一样的。有时在机会约束最优决策问题中会得到无凸性的决策函数。

在金融领域，机会约束非常流行，特别是价值风险约束得到广泛运用。在该领域中，随机性能 X 最大利润的 α 分位点被定义为：

$$\inf\{\eta : F_X(\eta) \geq \alpha\} \tag{6.16}$$

其中 α 分位点是指在信任水平 α 下的风险价值，记为 $VaR_\alpha(X), \alpha \in (0,1]$

6.1.4 均值方差决策模型

对于供应链存在的各种不确定性及风险，对其研究也逐渐在发生变化。近年来有关供应链管理的研究与实践都表明：企业管理者在除了重视企业利润最大化之外，更为注重的是企业面临的各种风险问题以及获得预期利润的可能性。由此，近几年大多都是以风险厌恶型决策者的假设为前提来进行研究分析，也不再仅考虑企业期望利润最大化为决策准则，而更多的是以金融理论中诸如在险价值、效用函数和均值方差等风险工具来刻画供应链中的风险指标，以作为决策准则，并建立具有风险度量机制决策目标函数。Markowitz 在 1952 年提出的"投资组合选择"理论在 1990 年获得了诺贝尔经济学奖[179]。投资决策者均值方差偏好的概念就是由他首次提出的，在此基础上继续研究出了在不确定条件下一个具有概念明确性和可操作性的选择投资组合理论。现代金融投资理论的基础就是在这个理论的基础上演变而来的。在特定的条件下，一个投资决策者通常可以由两个因素的权衡来选择其投资组合，即投资组合的方差和期望回报。方差可以用来衡量风险，投资组合的风险不仅依赖资产各自的方差，而且还依赖于各资产之间的协方差。如果在以上分析的最优订货批量模型中，假设零售商是风险收益均值方差偏好者，那么其决策模型就变为：

$$\max_{\geq} \left\{ E[\pi(x,Q)] \quad \beta Var[\pi(x,Q)] \right\} \tag{6.17}$$

其中 $Var[\pi(Q)]$ 为零售商收益的方差；β 为零售商的一个风险偏好系数，且 $\beta \geq 0$。当 $\beta = 0$ 时，表示零售商为风险中性偏好；$\beta > 0$ 时则表示零售商风险规避偏好者。

6.2 异质偏好下供应链优化决策理论

随着行为金融学的迅速发展，异质偏好理论解释了很多传统经典金融理论无法解释的现象。因此，本节将分析基于异质偏好下的供应链优化模型。供应链优化是指在资源有限或者有约束条件的情况下得到整个系统的最佳决策方案。其目标在于追求整体供应链的效率，达到期望效用最大化。因此，在达到整体效用最大化之前，必须保证各个子系统已达到各自的期望效用最大化。对于供应链的优化方法通常有启发式算法、精确算法、多代理系统理论等，而在本章中重点关注数学规划理论与方法。在该理论与方法中，供应链优化问题是由目标函数、决策变量和约束条件三部分组成。目标函数就是供应链需要达到的目标，即利润最大化、期望效用最大化或者成本最小化等；决策变量就是决策者需要进行的决策；约束条件就是整个模型中变量必须满足的条件。异质偏好下的优化决策与之前研究的不同点之一就在于约束条件的不同，风险中性假设条件下不需要考虑决策主体之间的不同，以及随着环境变化后决策主体对于决策结果的不同偏好。但是本书考虑的异质偏好决策者则需要考虑这方面的约束条件。本节的决策变量主要在于如何确定最优订货量来实现采购者的最终目标。

6.2.1 基于损失规避型的最优订货量模型

基于经典金融理论，决策者都是同质理性的。随着行为金融学理论的快速发展，得到由于决策者个体不同、心理变化的影响及外界环境不断干扰等因素，使得决策者总以理性的态度做决策是不合理的，他们存在的异质差异通常会导致对决策的异质偏好。因此，由 Kahneman 与 Tversky 提出的期望理论（Prospect Theory）正被广泛地应用于研究分析人类的决策行为。根据期望理论可知，决策者对于同样的收益和损失则更多地在于规避其损失。因此，在最初利用期望理论来分析决策行为时，一般都假设决策者是损失规避的。如果应用在最优订货量模型，即假设零售商具有以下分段线性的损失规避效用函数：

$$U(\varphi)=\begin{cases} \varphi-\varphi_0 & if\,\varphi \geq \varphi_0 \\ \lambda(\varphi-\varphi_0) & if\,\varphi < \varphi_0 \end{cases} \qquad (6.18)$$

其中，λ 为零售商的损失规避系数，表示决策者对损失的规避程度。假设 $\lambda > 1$，即在初始财富处有一个拐点，在之后的分析中假设初始财富设为零。λ 越大则表示决策者的损失规避程度越高。对于该分段线性形式的效用函数能直观表现出零售商对损失的态度，因此损失规避效用函数被广泛应用于供应链管理。

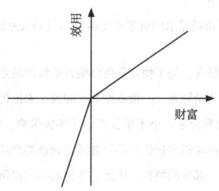

图 6.1　分段线性损失规避效用函数

零售商在订购产品的过程中必须决定每次产品的订购量。订购太少，就有可能造成缺货而带来的损失以及获得额外利润的机会，如果订购太多就将会因为产品过多卖不出去而遭受损失。这样的决策问题在企业管理中到处可见，原材料订购、生产企业的生产量等都是类似的决策问题。因此，对这类问题的研究就显得十分重要。然而，该模型得到决策变量的解却是与决策者不同偏好以及不确定性的决策准则相关，这两者的不同将会导致该类的解存在差异。

假定由单个损失规避型零售商和单个供应商组成的两级供应链中，零售商从供应商订购一种易逝品，所谓易逝品是指具有相对固定且较短的销售时间，销售期末未售出的产品残值很低的一类商品，诸如书籍报刊、时装及电子类商品等这类生命周期较短的产品。该产品的市场需求是随机独立变量。零售商要解决的问题就是每次订购多少产品。本书通过假设以下符号的定义来使得在讨论分析时更为方便：

Q：产品订购量；

p：单位产品的零售价格；

w：零售商单位产品的购买价格；

s：未出售单位产品的剩余价值；

r：单位产品的缺货损失；

u：市场需求量的均值；

x：市场随机需求量；

$f(x)$：产品实际市场需求的概率密度函数，$F(x)$ 是相应的累积分布函数，并都是可微可逆的。

在此不考虑极端情况，为了使零售商订购并销售产品是有利可图的，且保证其订购产品用来出售给顾客，一般要做如下假设：未出售产品的单位剩余价值小于单位产品的批发价格，小于单位产品的零售价格，即 $0 < s < w < p$。由于只有一个供应商向零售商提供产品，并考虑到该类产品的产品价值具有在较短的时间内会消失一部分的特性，因此，零售商必须权衡订购多于实际需求时造成的过量损失和订购过少不能满足实际需求而造成的缺货损失，由此，零售商决策的关键就在于最优订货量。

根据以上的假设，零售商的收益为 $\pi(x,Q)$，市场对产品需求为 x，则：

$$\pi(x,Q) = \begin{cases} \pi_-(x,Q) = px + s(Q-x) - wQ & x \le Q \\ \pi_+(x,Q) = pQ - r(x-Q) - wQ & x > Q \end{cases} \quad (6.19)$$

通过 $\pi_-(x,Q)$，$\pi_+(x,Q)$ 等于零可分别得到市场需求量的盈亏平衡点，分别设为 $d_1(Q)$，$d_2(Q)$。当市场实际需求量太低，即 $x < d_1(Q)$，或者当

市场实际需求量太高，即 $x > d_2(Q)$ 时，零售商的收益值均为负；只有当市场实际需求量在两盈亏平衡点之间，即 $d_1(Q) < x < d_2(Q)$ 时，零售商的收益值为正。因此，可得到损失规避型零售商的期望效用为：

$$E[u(\pi(x,Q_\lambda))] = \int_{d_1}^{Q} \pi_- f(x)dx + \int_{Q}^{d_2} \pi_+ f(x)dx + \lambda[\int_0^{d_1} \pi_- f(x)dx + \int_{d_2}^{\infty} \pi_+ f(x)dx]$$

$$= E[\pi(x,Q)] + (\lambda-1)[\int_0^{d_1} \pi_- f(x)dx + \int_{d_2}^{\infty} \pi_+ f(x)dx]$$

（6.20）

其中 $E[\pi(x,Q)] = \int_0^{Q} \pi_- f(x)dx + \int_{Q}^{\infty} \pi_+ f(x)dx$ ，为零售商的期望收益。从盈亏平衡点的定义可以得到上式右边第 2 项是非正的，这就说明零售商相对于其期望收益存在损失偏差。因此，上式表明了损失规避型零售商的期望效用不会大于风险中立零售商的期望效用，且损失规避型零售商的期望效用就等于风险中立时的期望收益加上相对于期望收益的损失偏差。由此，损失规避型零售商所需要解决的决策问题就变成了确定最优订购数量，以使其期望效用达到最大，即零售商的最优订货量的决策模型为：

$$MaxE[u(\pi(x.Q_\lambda))] \qquad （6.21）$$

通过使期望效用一阶导为零来得到最优订购量，即：

$$\frac{\partial E[u(\pi(x.Q_\lambda))]}{\partial Q} = (s-w)F(Q_\lambda^*) + (p+r-w)\overline{F}(Q_\lambda^*)$$

$$+(\lambda-1)[(s-w)F(d_1(Q_\lambda^*)) + (p+r-w)\overline{F}(d_2(Q_\lambda^*))] = 0 \qquad （6.22）$$

可得到最优订货量 Q_λ^* 。

现定义 $(p+r-w)\overline{F}(d_2(Q_\lambda^*))$ 为边际缺货损失， $(s-w)F(d_1(Q_\lambda^*))$ 为边际订货过剩损失。通过比较边际缺货损失和边际过剩损失的大小可以得到损失规避零售商的最优订货量大于、等于和小于风险中性偏好零售商的最优订货量的三种情况。其中，当边际缺货损失小于边际订货过剩损失时，损失规避零售商的最优订货量随着损失规避度 λ 的增加而减少，这个结论和 Schweitzer 及 Cachon（2000），没有考虑缺货损失时的结论是一致的。

6.2.2 基于期望理论假设的订购行为

损失规避效用函数是通过简化期望理论来描述决策者的决策行为。但是期望理论中敏感度递减的特征并不能反映在分段线性形式的损失规避效用函数之中。而且，期望理论也被证明能更好地阐释一些与损失规避矛盾的现象，更为准确地描述决策主体的行为。

期望理论把经济学研究和心理学研究有效地结合起来，提出了在不确定性条件下的决策行为机制，由此开拓了全新的研究领域。Kahneman 等人认为人们在做决策的过程中，一般在心里都会有个参考标准值，然后在结果与这个参考标准之间进行比较。如果结果高于这个参考标准，那么人们的反映不是很强烈；但是如果结果低于这个参考标准，那么人们就会追根究底弄个明白。像一个员工工资涨了 100 美元，他可能反映不是很强烈，觉得没什么；但如果减薪 100 美元，那他肯定要问个清楚并且感觉很不舒服。随后 Kahneman 和 Tversky 发展了"期望理论"（Prospect Theory）来解释这些现象，并认为期望理论与期望效用理论是互补的。效用理论是用于刻画理性行为，而期望理论则是用来描述实际行为。传统的经济学是一门具有规范性的学科，即教育人们应该怎样做。而在受心理学的影响之下，经济学更应该是描述性的，主要用来描述人们事实上是怎样做的。因此，同时结合心理学和经济学的期望理论更能描述人们的决策行为。现在使用的期望理论经过了三个阶段的演变而来：从最早的期望值理论（Expected Value Theory），之后的期望效用理论（Expected Utility Theory），到目前的期望理论（Prospect Theory）。当然期望理论是最有力的描述性理论。总的来说，期望理论具有以下三个基本原理：（1）人们对获得和损失的效用并不是财富的最终值，而是相对参考点；（2）人们在获得面前是风险规避的，在损失面前是风险偏爱的；（3）人们对损失比对获得更敏感。

根据 Kahneman 的期望理论，决策者的目标函数就是期望效用 $Eu(x) = \sum u_i \omega(p_i)$，其中，$u_i$ 为决策者的效用；$\omega_i(p)$ 为决策者的效用权重函数。由期望理论可得决策者的效用函数表示为：

$$u(\Delta\varphi_i) = \begin{cases} \Delta\varphi_i^{\alpha} & \Delta\varphi_i \geq 0 \\ -\lambda(-\Delta\varphi_i)^{\beta} & \Delta\varphi_i < 0 \end{cases}$$　　（6.23）

其中 $\Delta\varphi_i = \varphi_i - \varphi_0$ 表示得失；α 为风险偏好系数；β 为风险规避系数；λ 为获得和损失的敏感系数。Kahneman 认为 $\alpha > 0$，$\beta < 1$，并且参数越大则表示决策者对效用的敏感性就会越弱，$\lambda > 1$ 表示决策者相对于损失与获得来说更加厌恶损失。

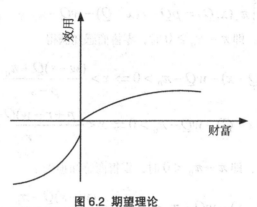

图 6.2　期望理论

对于 $\omega_i(p)$ 权重函数，Kahneman 认为，概率权重是由决策者根据每次事件将会出现某种结果的概率而做出的主观判断，同时他还认为概率权重应该具备以下两个基本性质：（1）$\omega_i(p)$ 是关于概率的非线性单调增函数；（2）对于较大概率的事件一般都赋予过小权重，而对于较小概率的事件一般都赋予过大权重。因此，Kahneman 提出了一个权重函数：

$$\omega^{+} = \frac{p(x)^{\gamma}}{(p(x)^{\gamma} + (1 - p(x)^{\gamma})^{1/\gamma}}$$　　（6.24）

$$\omega^{-} = \frac{p(x)^{\delta}}{(p(x)^{\delta} + (1 - p(x))^{\delta})^{1/\delta}}$$　　（6.25）

其中，ω^{+}、ω^{-} 分别为获得和损失的概率权重，$p(x)$ 为某个事件结果出现的概率，γ、δ 分别为获得和损失的风险偏好系数。

刘咏梅等（2010）基于期望理论建立了订货模型，并以中国早餐订货为研究对象进行了实证比较,实证结论得出零售商倾向于风险规避并不是完全理性,会适度减少其订货量[180]。假定一个零售商从一个供应商订购一种易逝品，该产品的市场需求同样是随机的独立变量，其他假设同上。根据上面的假设，市场对产品需求为 x，在该模型中同样考虑了零售商进货过少不能满足顾客的需求产生的缺货损失，那么得到零售商的收益为 $\pi(x,Q)$ 与式（6.19）相同。

现假设 π_0 为零售商收益的心理参考标准值，那么零售商的相对收益为：

$$\pi - \pi_0 = \begin{cases} \pi_-(x,Q) = px + s(Q-x) - wQ - \pi_0 & x \le Q \\ \pi_+(x,Q) = pQ - r(x-Q) - wQ - \pi_0 & x > Q \end{cases} \tag{6.26}$$

当 $\pi \ge \pi_0$，即 $\pi - \pi_0 \ge 0$ 时，零售商感知获得：

$$px + s(Q-x) - wQ - \pi_0 > 0 \Rightarrow x > \frac{(w-s)Q + \pi_0}{p-s}$$

$$pQ - r(x-Q) - wQ - \pi_0 > 0 \Rightarrow x < \frac{(p+r-w)Q - \pi_0}{r} \tag{6.27}$$

当 $\pi < \pi_0$，即 $\pi - \pi_0 < 0$ 时，零售商感知损失：

$$px + s(Q-x) - wQ - \pi_0 < 0 \Rightarrow x < \frac{(w-s)Q + \pi_0}{p-s}$$

$$pQ - r(x-Q) - wQ - \pi_0 < 0 \Rightarrow x > \frac{(p+r-w)Q - \pi_0}{r} \tag{6.28}$$

当 $Q > \dfrac{\pi_0}{p-w}$ 时，有：

$$\frac{(w-s)Q + \pi_0}{p-s} < Q < \frac{(p+r-w)Q - \pi_0}{r} \tag{6.29}$$

因此，当 $Q < x < \dfrac{(p+r-w)Q - \pi_0}{r}$ 时，零售商感知获得，且对应的效用函数为：

$$u_1(x) = \int_Q^{\frac{(p+r-w)Q-\pi_0}{r}} [pQ - r(x-Q) - wQ - \pi_0]^\alpha f(x) dx \tag{6.30}$$

当 $\dfrac{(w-s)Q + \pi_0}{p-s} < x < Q$ 时，零售商感知获得，同理得到对应的效用函

数 $u_2(x)$ 。

当 $x > \dfrac{(p+r-w)Q-\pi_0}{r}$ 时，零售商感知损失，且对应的效用函数为：

$$u_3(x) = \int_{\frac{(p+r-w)Q-\pi_0}{r}}^{\infty} -\lambda[-(p+r-w)Q+rx+\pi_0]^{\beta} f(x)dx \qquad （6.31）$$

当 $0 < x < \dfrac{(w-s)Q+\pi_0}{p-s}$ 时，报童感知损失，同理得到对应的效用函数 $u_4(x)$ 。

当 $Q < \dfrac{\pi_0}{p-w}$ 时，有 $\dfrac{(w-s)Q+\pi_0}{p-s} > Q > \dfrac{(p+r-w)Q-\pi_0}{r}$ ，

即，当 $Q > x > 0$ 时，零售商感知损失，且对应的效用函数为 $u_5(x)$ 。

当 $Q < x$ 时，零售商感知损失，且对应的效用函数为 $u_6(x)$ 。

因此，基于期望理论的零售商优化决策模型为：

$$\max Eu(x) = \max \sum u_i \omega(p_i)$$

得到最优的订货量为：

$$\begin{aligned} Q_e^* &= \arg\max Eu(x) \\ &= \arg\max[u_1(x)\omega(p_1) + u_2(x)\omega(p_2) + u_3(x)\omega(p_3) \\ &\quad + u_4(x)\omega(p_4) + u_5(x)\omega(p_5) + u_6(x)\omega(p_6)] \end{aligned} \qquad （6.32）$$

其中概率权重 $\omega_i(p)$ 可以按照 Kahneman 方法求得。

6.3 异质偏好下供应链协调运作理论

供应链是由具有利益冲突的各子系统组成，链中各节点企业通常都不能同时满足各自优化的愿望，但是共同构成一条整体供应链，他们就需要在相互之间进行协作，最终使得整个供应链的利益大于各子系统单独的利益之和。因此，在供应链各子系统达到优化的基础上，要使整体系统达到优化的下一步就是在

各子系统之间达到协调，协调的目的就是利用各种方法使链中各子系统之间减少冲突竞争，降低内部资源消耗，并能更好地分工协作，从而发挥整体供应链的优势以获取最大收益，即使总体目标函数达到最小或者最大化。经过大量的学者研究，可知有很多方法能使供应链达到协调，近年来有大量的文献研究供应链各节点企业通过契约来达到协调。如果通过某种契约，供应链在分散系统中的决策能和集中系统中的决策相一致，同时也实现了整体供应链利益最大化或者成本最小化，那么这种契约就能实现供应链的协调运作。而在本节中，分析通过建立一个契约，使零售商独自决策的最优订货量和供应链集中系统决策时的最优订货量相等来实现供应链的协调。

6.3.1 基于回购契约的供应链协调模型

在需求不确定的情况下，通常零售商的销售风险会增加，从而导致零售商一般都不愿意过多进货。而且随着市场竞争不断加剧，零售商为了提升竞争力经常会接受消费者的退货，这又使得他们增加了积压风险。在这种情形下，如果供应商分担或者帮助零售商减轻风险的话，那么零售商为了规避风险就会自行降低订货量。大量的文献研究表明通过建立回购契约，让供应商分担部分销售风险，从而鼓励零售商提升批量进货，并增加扩大产品销售的机会，最终会使得零售商和供应商的效益都比各自决策时的效益要高，达到了双赢的状态。Yue 等分析了回购契约的一个明显特征就是风险共担[181]。姚忠分析了供应商一般都通过建立合同如回购契约来刺激零售商增加订购量来使供应链达到协调运作[182]。因此，回购契约可以刺激零售商增加库存，从而改善整个供应链绩效。所谓供应链回购契约是指在提前订货期内，供应商通过制定批发价格和回购价格给零售商来促使其订货，在销售季节结束之后，对于未售出的剩余产品，供应商就以每单位回购价格来回收零售商未售出的产品。这样，零售商对于未售出产品都可以得到一定的补偿，这就使得市场风险是由零售商和供应商共同承担，降低了零售商的经营风险，进而有效地刺激了零售商增加订货量。

现分析由均为风险中性偏好的单个零售商和单个供应商组成的两级供应链，零售商在销售季节前向供应商订购一种易逝品。在供应商为领导者、零售商为追随者的 Stackelberg 主从对策情形下，供应商制定回购契约刺激零售商的最优订货量能使双方达到共赢，整体供应链的绩效达到最优。在该两级供应链中，供应商对零售商提出未出售完的剩余产品可以进行回购的机制，从而根据以往经验来制定批发价格。当供应商以回购价格回收所有剩余产品时，供应商增加了产品的剩余价值。之后零售商由确定产品销售价格，并通过市场情况和供应商提供的相关信息来决定最优产品订购量，在零售商存在缺货时，必定会承担一定的缺货成本。最后，供应商根据零售商决策的前提下，最终决定产品批发价格。该供应链协调模型中涉及到的符号含义如下：

Q：零售商订购量；

p：单位产品零售价格；

w：零售商支付给供应商的单位产品批发价格；

c：制造商单位产品生产成本；

　：零售商未出售完的剩余产品单位残值；

b：制造商对未出售完剩余产品的单位回购价格值；

r：订购过少而导致的每单位产品缺失成本；

x：市场随机需求量；

$f(x)$：产品实际市场需求的概率密度函数，$F(x)$ 是相应的累积分布函数，并都是可微的和可逆的，并市场需求期望 $E(x) = \mu$。

为了避免零售商将市场需求风险全部转嫁给供应商，将参数做出以下假定，来实现风险的最优配置，即 $0 \le s \le c < w < p; s < b < w$。

设 $S(Q)$ 为零售商的期望销售量，即 $S(Q) = Q - \int_0^Q F(x)dx$；

$I(Q)$ 表示由于零售商订购量大于实际需求量而导致的未售出的产品数量，即 $I(Q) = Q - S(Q)$；

$L(Q)$ 表示由于零售商订购量小于实际需求量而导致缺货的产品数量，即 $L(Q) = \mu - S(Q)$。

在没有契约协调的情形下：

$E[\pi_T(Q)]$ 表示在集中决策系统下整体供应链的期望利润；

$E[\pi_R(Q)]$ 表示在分散决策系统下零售商的期望利润；

$E[\pi_S(Q)]$ 表示在分散决策系统下供应商的期望利润。

在回购契约协调的情形下：

$E[\pi_T^b(Q)]$ 表示在回购契约条件下整体供应链的期望利润；

$E[\pi_R^b(Q)]$ 表示在回购契约条件下零售商的期望利润；

$E[\pi_S^b(Q)]$ 表示在回购契约条件下供应商的期望利润。

首先分析在没有回购契约情况下，要达到供应链协调时，零售商和供应商之间的利润分析。

1. 集中化供应链的最优决策

在集中控制模式下，供应链的整体期望利润为：

$$E[\pi_T(Q)] = pS(Q) + sI(Q) - rL(Q) - Qc$$

$$= (p+r+c)Q - (P+r-s)\int_0^Q F(x)dx - r\mu \qquad (6.33)$$

显然，$E[\pi_T(Q)]$ 是关于 Q 的凹函数，可以通过其一阶导为零得到集中控制模式下的最优订货量，即 $\dfrac{dE[\pi_T(Q)]}{dQ} = 0$，得到：

$$Q_T^* = F^{-1}(\frac{p+r-c}{p+r-s}) \qquad (6.34)$$

2. 分散化供应链的决策

在分散化决策模式中，供应链中的双方成员就按照批发价格契约来进行各自的相关决策。供应商给零售商提供批发价格，零售商根据该批发价格来决定其最优订货量。在该模式下，零售商的期望利润为：

$$E[\pi_R(Q)] = pS(Q) + sI(Q) - rL(Q) - Qw$$

$$= (p+r-w)Q - (p+r-s)\int_0^Q F(x)dx - r\mu \qquad (6.35)$$

供应商的期望利润为：

$$E[\pi_S(Q)] = wQ - cQ = (w-c)Q \qquad (6.36)$$

在独自的决策系统中，零售商是根据自身的利润最大化来确定最优订货量。

同样可知 $E[\pi_R(Q)]$ 是关于 Q 的凹函数，因此当 $\dfrac{dE[\pi_R(Q)]}{dQ} = 0$ 时，得到零售商的最优订货量为：

$$Q_R^* = F^{-1}(\frac{p+r-w}{p+r-s})$$

（6.37）

在没有回购契约的情形下，要想达到供应链协调就必须使得分散决策系统中的最优订货量与集中系统中的最优订货量相等，即 $Q_R^* = Q_T^*$。由此我们可以得到也就是必须满足：

$$\frac{p+r-c}{p+r-s} = \frac{p+r-w}{p+r-s}$$

即，可得 $w = c$。

这就表明在没有契约协调的时候，要想使得供应链达到协调运作就必须使供应商的每单位批发价格与每单位生产成本相等，即供应商的利润为零。这显然是不符合实际的。因此，在没有契约协调的情况下，供应链是不能达到协调运作的。

现在来分析存在回购契约的情形下，供应链达到协调的过程：

由于回购是发生在供应链系统内的费用，所以存在回购契约的整体供应链利润与不存在回购契约的供应链利润是相等的，即：

$$E[\pi_T^b(Q)] = E[\pi_T(Q)]$$

而在回购契约模型中，零售商的期望利润为：

$$E[\pi_R^b(Q)] = pS(Q) + bI(Q) - rL(Q) - wQ$$
$$= (p+r-w)Q - (p+r-b)\int_0^Q F(x)dx - r\mu$$

（6.38）

显然，$E[\pi_R^b(Q)]$ 是关于 Q 的凹函数，存在唯一的最优解使得目标函数最大化。即零售商根据自身利润最大化可以通过 $\frac{dE[\pi_R^b(Q)]}{dQ} = 0$ 得到最优订货量：

$$Q_R^b = F^{-1}(\frac{p+r-w}{p+r-b})$$

（6.39）

从上式可以看出，零售商的最优订货量与批发价格成反比，而与回购价格成正比。也就是说零售商的最优订货量随回购价格的增加而增加，随批发价格的增加而减少。

在回购契约的模型中，供应商给零售商分担了一定程度的销售风险，其中期望利润为：

$$E[\pi_S^b(Q)] = (w-c)Q - (b-s)I(Q) \qquad (6.40)$$

由上分析可得，在回购契约的条件下供应链整体系统的最优订货量 Q_T^*，而零售商依旧会根据自身利润最大化来做出决策，其最优订货量为 Q_R^b。可知这两者并不相等，即 $Q_T^* \neq Q_R^b$。此时，供应商可以通过调整批发价格和回购价格来使得 $Q_T^* = Q_R^b$，进而达到供应链协调运作。即：

$$\frac{p+r-c}{p+r-s} = \frac{p+r-w}{p+r-b}$$

得到：

$$b(w) = \frac{(s-c)(p+r)+w(p+r-s)}{p+r-c} \qquad (6.41)$$

供应商就可以根据上式中回购价格和批发价格的关系调整这两个价格来使整体供应链达到协调状态。因此，回购契约能协调整条供应链。

6.3.2 损失规避型零售商参与的回购契约协调供应链模型

目前很多学者在分析建立供应链协调契约机制时，通常是以供应链节点企业在风险中性的前提下，将降低预期成本或者提高预期收益作为优化目标。没有考虑合作企业的风险偏好性。由前面的分析可以得到，投资决策者是具有有限理性的，对于存在的风险通常都具有损失规避的倾向，因此在没有考虑决策者风险偏好情况下得到的协调契约机制是不适用于具有损失规避偏好的合作企业。以下就来分析考虑损失规避下供应链基于回购契约的协调机制。在这里认为损失规避零售商的最优订货量与集中决策系统下供应链的最优订货量相等时，供应链就达到了协调运作状态。

该模型是由单个具有损失规避偏好的零售商和单个风险中性的供应商组成的简单两级供应链。零售商向供应商订购产品来满足市场需求。零售商面临的

外部需求为 X。定义 x 为市场随机需求；$f(x)$ 为产品实际市场需求的概率密度函数，$F(x)$ 是相应的累积分布函数，并都是可微的和可逆的，并市场需求期望 $E(x) = \mu$；其他的符号定义同上，但此时在加入损失规避偏好之后并不考虑缺货损失的影响。本书同样采用式（6.18）分段线性函数来描述零售商的损失规避偏好。

1. 集中化供应链的最优决策

在集中控制模式下，零售商与供应商信息完全共享，可考虑为一家企业，其目标就是期望利润最大化。供应链也就是根据该目标来决策最优生产量，也就是最优订购量。而供应链的整体期望利润为：

$$E[\pi_T(Q)] = \int_0^Q \left[px - cQ + s(Q - x) \right] f(x) dx + \int_Q^\infty \left[(p - c)Q \right] f(x) dx$$

（6.42）

由于 $E[\pi_T(Q)]$ 是关于 Q 的凹函数，可由 $\dfrac{dE[\pi_T(Q)]}{dQ} = 0$ 得到供应链的最优订货量 Q_P^*。

2. 分散化供应链的决策

在分散化决策模式中，零售商根据供应商主导的契约来重新调整其最优订购量。最初在供应量提供的批发价格契约下，零售商的利润为：

$$\pi_R(x, Q) = \begin{cases} (p - s)x - (w - s)Q & x \le Q \\ (p - w)Q & x > Q \end{cases}$$

（6.43）

零售商的期望效用为：

$$E[U(\pi_R)] = \lambda \int_0^{\frac{w-s}{p-s}Q} \left[(p - s)x - (w - s)Q \right] f(x) dx + \int_{\frac{w-s}{p-s}Q}^Q \left[(p - s)x - (w - s)Q \right] f(x) dx$$

$$+ \int_Q^\infty (p - w)Q f(x) dx$$

（6.44）

由于 $E[U(\pi_R)]$ 也是关于 Q 的凹函数。因此，$\dfrac{dE[U(\pi_R)]}{dQ} = 0$ 时，可有损失规避零售商的最优订货量 Q_T^*。

当 $\lambda > 1, f(\bullet) > 0$ 时，可得 $Q_R^* < Q_T^*$，这就说明分散决策系统中，单独由批发价格契约不能达到供应链协调运作。

由公式（6.44）可得：当 $\lambda=1$，零售商为风险中性时，$Q_R^*\big|_{\lambda=1}<Q_T^*$。这是由供应链中存在的"双重边际效应"所造成的。当 $\lambda>1$，零售商为损失规避时，$Q_R^*\big|_{\lambda=1}>Q_R^*\big|_{\lambda>1}$ 且 $\frac{dQ_R^*}{d\lambda}<0$，零售商的最优订购量与其损失规避程度成反比。即随着损失规避程度增加，满足期望效用最大化的订购量就降低。这与 Schweitzer 和 Cachon（2000）的结论相同。

由上述分析可以知道，由损失规避型零售商和风险中性偏好的供应商组成的供应链并不能通过批发价格契约使得供应链达到协调状态，因为该契约不能使零售商的最优订购量与供应链系统的最优订购量相等。而零售商的最优订购量与损失规避程度成反比。因此，可以通过降低零售商所面临的风险，促使其增加订购量，从而整个供应链的效用也随之增加。供应商通过建立以每单位未出售完产品回购价格为 k 的回购契约来分担零售商所面临的销售风险，并可以通过调整回购价格 k 的数值使零售商的最优订购量与供应链的最优订购量达到一致，达到供应链协调。

在回购契约情形下，零售商的利润为：

$$\pi_R^b(x,Q)=\begin{cases}(p-b)x-(w-b)Q & x\le Q\\(p-w)Q & x>Q\end{cases} \tag{6.45}$$

设 $\pi_R^b(x,Q)=0$ 时，$x=\frac{w-b}{p-b}Q$，令 $d_1(Q)=\frac{w-b}{p-b}Q$。当 $0<x<d_1(Q)$ 时，零售商面临损失；当 $x>d_1(Q)$ 时，零售商获利。因此，零售商的期望效用为：

$$E\big[U(\pi)\big]=\lambda\int_0^{d(Q)}\big[(p-b)x-(w-b)Q\big]f(x)dx+\int_{d(Q)}^Q\big[(p-b)x-(w-b)Q\big]f(x)dx$$
$$+\int_Q^\infty(p-w)Qf(x)dx \tag{6.46}$$

通过证明可得 $E\big[U(\pi_R^b)\big]$ 是关于 Q 的凹函数，当 $\frac{dE\big[U(\pi_R^b)\big]}{dQ}=0$ 时，可得到在回购契约下，零售商的最优订购量 Q_R^b，且 $\frac{dQ_R^b}{db}>0$，即零售商的最优订购量 Q_R^b 与回购价格 b 成正比。对损失规避型零售商来说，回购价格的不同直接决定了不一样的最优订购量，随着回购价格的增加，最优订购量也相应增加。

因此，可以通过调整批发价格和回购价格最终使得 $Q_R^b = Q_T^*$，即供应链达到协调运作。

证明：假设批发价格 w 是固定不变的。当 $b = s$ 时，得到 $Q_R^b < F^{-1}(\frac{p-w}{p-s}) \le Q_T^*$；当 $b \to w$ 时，$\frac{dE[U(\pi_R^b)]}{dQ} > 0$，得到 $Q_R^b > Q_T^*$。由于 $\frac{dE[U(\pi_R^b)]}{dQ}$ 是连续的，因此存在 $b^*(w)$ 能够满足 $Q_R^b = Q_T^*$，即存在适当的批发价格和回购价格使得零售商的最优订货量与供应链的最优订货量相等，达到供应链协调。

6.4 本章小结

本章内容主要包括三个部分，首先分析了基于期望效用理论和随机优势理论下的决策模型，为决策者提供了决策依据并为以下几个章节打下相关理论基础。其次，在供应链优化模型中分析了损失规避偏好和基于期望理论的最优订货量决策模型，其中损失规避偏好下采用的是分段线性形式的损失规避效用函数，建立这种效用函数最大的优势就是简单，但同样存在问题。由于采购商的损失规避系数是外生固定不变的，而行为金融认为，人的风险厌恶系数随着环境、机会变化发生变化，并不是固定不变的；同样人的效用函数也不是固定不变的。然而通过采用期望理论刻画决策者行为，就更能从人自身的心理特质、行为特征出发，揭示影响选择行为的非理性心理因素，更好地描述决策者实际行为特征。

最后，在供应链协调模型中分析了风险中性供应链在考虑缺货损失的条件下，基于回购契约的协调模型以及零售商具有损失规避偏好下供应链基于回购契约的协调模型。在没有考虑决策者风险偏好下得到的协调模型并不完全适用于实际经济生活中的决策者，大多决策者都是具有风险损失偏好的。在这两个模型中，供应商都可以通过调整批发价格和回购价格来使得供应商和零售商的期望效用不小于没有建立契约下二者的期望效用，达到"双赢"状态，即供应链协调运作。

| 第 7 章 |

零售商损失规避时的供应链协调

供应链是由具有不同目标甚至相互冲突目标的多个成员构成的复杂功能网链。供应链在分散化决策时，每个成员都独立地追求自身利润最大化，会产生"双重边际效应"。供应链契约是缓解和消除"双重边际效应"的有效方法之一，作为供应链管理领域的热点和核心问题之一，近年来得到实践者和理论研究者的普遍关注，国内外许多学者进行了有价值的研究。供应链契约又称供应链合约，指通过提供合适信息和激励措施的有关条款，使供应链成员的绩效得到改进，保证供应链达到协调。供应链契约的目的是使供应链达到协作，增加供应链系统的利润，减少库存成本和共担供应链风险。回购契约也称为退货契约（Return Contract），是一种应用非常广泛的供应链合约，是指制造商以批发价格 w 将产品销售给销售商，销售商在销售期末将未售出的商品以价格 b 返回给制造商，制造商这样做的目的是希望销售商提高订货量 Q 和降低零售价格，从而增加制造商和销售商的收益。其合约参数由批发价格、回购价格及订货量（w，b，Q）组成，回购契约主要应用于生产提前期较长、销售季节又短、市场消费需求不确定的商品。

以往关于供应链回购契约方面的研究大多建立在风险中性的基础上，以期望利润最大化为前提；可是在现实生活中，管理者在做决策时，并不总是用期望利润最大化来决定订购产品的数量。例如，在时尚服装销售中，当决策者在做决策时有自己的决策偏好，实际订购量会小于期望订购量。同样在报童模型中，需求分布与价格的关系不同将会导致销售商对于零售价格的不同选择。而当需求分布与价格之间呈现为加法关系时，风险厌恶型销售商所选择的零售价格就会低于风险中性型销售商。当它们之间表示为乘法关系时，风险中性销售商选择的零售价格低于风险厌恶销售商所选择的零售价格；由此可见，在管理者的决策中决策偏好起着非常重要的作用。当需求是随机，并且供应链中零售商具有风险规避效应时，如何设计回购契约，同时克服"双重边际"效应和风险规避效应的影响，使供应链达到协调是本章研究的主要内容。

7.1 问题描述与变量说明

7.1.1 问题描述

供应链是企业为了达到其经营目的、借以集成物料、信息、资本和知识以获得竞争优势的由多个相关组织组成的网络。供应链回购契约的两个主要目标在于：（1）增加分散系统中供应链整体的利润并使之充分接近于集中系统下的利润值；（2）能更好地控制供应链企业之间因合作而带来的风险。因为，即使整个供应链的利润通过契约合作得到增加并且存在合理的分配制度，但是如果在合作的过程中风险得不到有效的保障或控制，那么任何契约合作都将难以顺利进行。本章将分析由一个风险规避的零售商和风险中性的制造商组成的供应链之间的协调问题。

本章研究由一个制造商和一个销售商构成的两层供应链，零售商具有损失规避效应。零售商从自身利益最大化订购产品，供应商作为供应链的协调者追求供应链整体期望收入的最大化,供应商和零售商之间通过收入分享契约协调。供应商为改善供应链绩效而采用回购契约 (w, b) 来激励零售商从整个供应链收益最大角度选择订货量。由于零售商与供应商存在着不同的风险偏好，它们之间的效用并不能直接进行比较并相加，因此在本章中认为在分散系统决策下零售商的最优订购量与集中系统决策下的最优订购量相等时，整个供应链达到协调状态。由此，为了得到整个系统的最优订购量，首先就需建立集中系统下的供应链优化模型。

在表示供应链成员的风险规避效应上，本章采用 loss−averse 模型，即供应链成员的效用函数表示为：

$$U_i\left(\pi_i\right) = \begin{vmatrix} \pi_i & \pi_i \geq 0 \\ \lambda_i \pi_i & \pi_i < 0 \end{vmatrix} \qquad (7.1)$$

其中：λ 表示决策者 i 的损失规避系数（即损失规避特征），$\lambda_i = 1$ 表示决策者 i 是风险中性的决策者；$\lambda_i > 1$ 表示决策者 i 是损失规避的决策者；因而 λ_i 愈大，表示决策者 i 越害怕利润损失，表明风险规避性越强。π_i（$i = R, S$）为供应链成员的期望利润。由式（7.1）可以看出供应链成员对损失的关注程度比盈利的关注程度要强。

7.1.2 变量与参数

市场需求 X 是随机变量，其概率密度函数为 $f(x)$，分布函数为 $F(x)$。$F(x)$ 连续、可导且可逆。Q 是销售商的订购量，产品批发价格为 w，未售完产品的回购价格为 b，显然要求 $b < w$，否则零售商将会订无穷多的产品；产品市场价格为 p，供应商的边际成本 c_s，零售商的边际成本为 c_s。为了便于分析，假设未满足消费者需求时零售商的商誉损失为 0，没有售出的剩余产品的残值为 0。当订购数量为 Q 时，期望销售量为

$$S(Q) = E \min(Q, x) = \int_0^Q x f(x) dx + \int_Q^\infty Q f(x) dx = Q - \int_0^Q F(x) dx \text{，且有}$$

$u = E[X]$，$\dfrac{\partial S(Q)}{\partial Q} = 1 - F(Q) = \bar{F}(Q)$。

7.2 风险中性时的协调合约

7.2.1 风险中性时供应商决策

为了比较分析，本书首先探讨零售商为风险中性者且供应商不提供回购契

约机制时双方的收益情况。一体化决策时，供应商以整个供应链的利润最大化为目标，供应链系统的利润函数为：

$$\pi_T(Q) = \begin{cases} (p - c_s - c_r) \cdot Q, & Q \le x \\ px - (c_s + c_r) \cdot Q, & Q > x \end{cases} \tag{7.2}$$

供应链系统的期望利润为：

$$E[\pi_T(Q)] = \int_0^Q [px - (c_s + c_r) \cdot Q] f(x)dx + \int_Q^{+\infty} [(p - c_s - c_r) \cdot Q] f(x)dx$$

$$= p \cdot \left(Q - \int_0^Q F(x)dx\right) - (c_s + c_r)Q \tag{7.3}$$

此时，供应链的最优订货量也为供应商的最优生产数量为：

$$Q_T^* = Q_S^* = \overline{F}^{-1}\left(\frac{c_s + c_r}{p}\right) \tag{7.4}$$

7.2.2 风险中性时零售商决策

若供应商按批发价格将产品卖给零售商，则零售商将从个体利益最大化角度选择最佳订货量，此时，零售商的利润函数为：

$$\pi_R(Q) = p \cdot \left(Q - \int_0^Q F(x)dx\right) - (w + c_r)Q \tag{7.5}$$

从而，零售商的最优订货量满足 $1 - F(Q_R^*) = \dfrac{w + c_r}{p}$，

$$即 \quad Q_R^* = \overline{F}^{-1}\left(\frac{w + c_r}{p}\right) \tag{7.6}$$

很显然，由于 $w \ne c_s$，故分散化决策时，零售商订货量不为系统的最优订货量，即 $Q_R^* \ne Q_T^*$，分散化决策时的订货量小于供应链利润最大时所需要的订货量。因此，供应商需要提供某种契约机制来诱导零售商从整个供应链收益最大角度选择订货量，下文考虑回购契约进行协调的情形。

7.2.3 风险中性时的回购契约

若供应商提供回购契约(w, b)给零售商，则零售商将从个体利益最大化角度选择最佳订货量，此时，零售商的利润函数为：

$$\pi_R(Q) = \begin{cases} px + b(Q-x) - (w+c_r)Q, & x \leq Q \\ pQ - (w+c_r)Q, & x > Q \end{cases} \qquad (7.7)$$

供应商的利润函数为：

$$\pi_S(Q) = \begin{cases} (w-c_s)Q - b(Q-x), & x \leq Q \\ (w-c_s)Q, & x > Q \end{cases} \qquad (7.8)$$

从而，零售商的最优订货量为：$Q_R^b = \overline{F}^{-1}\left(\dfrac{w-b+c_r}{p-b}\right)$ （7.9）

很显然，供应商采用回购契约的目的是诱导零售商选择的订货等于供应链收益最大时所需要的订货量，从而必须有 $\dfrac{w-b+c_r}{p-b} = \dfrac{c_s+c_r}{p}$ ，即对任意的

$\eta \geq 0$ ，回购契约(w, b)须满足$\begin{cases} w-b+c_r = \eta \cdot (c_s + c_r) \\ p-b = \eta \cdot p \end{cases}$。

此时，零售商的利润函数为：

$$\pi_R(Q) = \eta \cdot \pi(Q)$$

供应商的利润函数为：

$$\pi_S(Q) = \pi_T(Q) - \pi_R(Q) = (1-\eta) \cdot \pi(Q)$$

因此，当$0 \leq \eta \leq 1$时，回购契约(w, b)能有效协调该供应链系统，并且零售商的利润关于参数η单调递增，供应商的利润关于参数η单调递减，η能实现供应链利润在零售商和供应商间的有效分配。

7.3 Loss–averse 时的协调合约

7.3.1 零售商损失规避时的决策

当零售商损失规避时，供应商向零售商提供回购契约 (w,b)，零售商的利润函数为：

$$\pi_R^L(Q) = \begin{cases} px + b(Q-x) - (w+c_r)Q, & x \le Q \\ pQ - (w+c_r)Q, & x > Q \end{cases} \tag{7.10}$$

分析可得零售商在回购契约 (w,b) 下的盈亏平衡点为 $Q_R^1(w,b) = \dfrac{(w+c_r-b)\cdot Q}{p-b}$。当最终市场需求 $x < Q_R^1(w,b)$ 时，则零售商的利润为负；当需求 $x > Q_R^1(w,b)$ 时，则零售商的利润就为正。由此可得零售商在回购契约 (w,b) 下的期望利润和期望损失分别为：

$$G_R(w,b) = \int_{Q_R^1(w,b)}^{Q} [px + b(Q-x) - (w+c_r)Q] f(x)dx + \int_{Q}^{+\infty} [pQ - (w+c_r)Q] f(x)dx$$

$$L_R(w,b) = \int_0^{Q_R^1(w,b)} [px + b(Q-x) - (w+c_r)Q] f(x)dx \tag{7.11}$$

从而，零售商的期望效用函数为：

$$\begin{aligned} E[U(\pi_R^L)] &= \lambda_r \cdot L_R(w,b) + G_R(w,b) \\ &= \lambda_r \cdot \int_0^{Q_R^1(w,b)} [px + b(Q-x) - (w+c_r)Q] f(x)dx \\ &\quad + \int_{Q_R^1(w,b)}^{Q} [px + b(Q-x) - (w+c_r)Q] f(x)dx + (p-w-c_r)Q(1-F(Q)) \end{aligned} \tag{7.12}$$

$$\frac{\partial E[U(\pi_R^L)]}{\partial Q} = -(\lambda_r - 1)\cdot(w+c_r-b)F(Q_R^1(w,b)) - (p-b)F(Q) + (p-w-c_r)$$

结论 7.1：在回购契约 (w,b) 下，零售商的期望效用函数 $E[U(\pi_R^L)]$ 是关于零售商订货量的凹函数，风险规避的零售商的最优订货量 Q_R^L 满足 $\dfrac{\partial E[U(\pi_R^L(Q_R^L))]}{\partial Q} = 0$，并且 Q_R^L 是关于 w 和 λ_r 的减函数，b 的增函数。

证明：

$$\frac{\partial E[U(\pi_R^L)]}{\partial Q} = -(\lambda_r - 1) \cdot (w + c_r - b)F(Q_R^1(w,b)) - (p-b)F(Q) + (p-w-c_r)$$

$$\frac{\partial^2 E[U(\pi_R^L)]}{\partial Q^2} = -(p-b)f(Q) - \frac{(w+c_r-b)^2}{p-b}(\lambda_r - 1)f(Q_R^1(w,b)) < 0$$

故期望效用函数 $E[U(\pi_R^L)]$ 是关于零售商订货量的凹函数。最优订货量 Q_R^L 满足 $\frac{\partial E[U(\pi_R^L(Q_R^L))]}{\partial Q} = 0$。同时：

$$\frac{\partial^2 E[U(\pi_R^L)]}{\partial Q \partial w} = -(\lambda_r - 1) \cdot (w + c_r - b)f(Q_R^1(w,b))\frac{Q}{p-b} - (\lambda_r - 1)F(Q_R^1(w,b)) - 1 < 0$$

这表明 $\frac{\partial E[U(\pi_R^L(Q_R^L))]}{\partial Q}$ 是关于 w 的减函数。故对任意给定的批发价格 $w_1 > w_2$，有如下关系成立：

$$\frac{\partial E[U(\pi_R^L(w_1, b, Q_R^L(w_1, b, \lambda_r), \lambda_r))]}{\partial Q} = 0$$

$$= \frac{\partial E[U(\pi_R^L(w_2, b, Q_R^L(w_2, b, \lambda_r), \lambda_r))]}{\partial Q} > \frac{\partial E[U(\pi_R^L(w_1, b, Q_R^L(w_2, b, \lambda_r), \lambda_r))]}{\partial Q}$$

又由于 $\frac{\partial^2 E[U(\pi_R^L)]}{\partial Q^2} < 0$，从而有 $Q_R^L(w_1, b, \lambda_r) < Q_R^L(w_2, b, \lambda_r)$。故 $Q_R^L(w, b, \lambda_r)$ 是关于 w 的减函数。用类似的方法可以证明 $Q_R^L(w, b, \lambda_r)$ 是关于 λ_r 的减函数，同样是关于 b 的增函数。

结论 7.2：零售商损失规避时的最优订货量小于风险中性时的最优订货量。并且损失规避程度越高，零售商的订货量越少。

从结论 7.1 可知，零售商的损失规避效用扭曲了其订货量，并且，在其他条件不变的情况下，损失规避的零售商的订货量比风险中性的零售商的订货量要小。

当 $\lambda_r = 1$ 时，零售商为风险中性情形，$\frac{\partial E[U(\pi_R^L)]}{\partial Q} = 0$ 退化为

$-(p-b)F(Q)+(p-w-c_r)=0$ ，即有 Q_R^L 满足 $F(Q_R^L)=\dfrac{p-w-c_r}{p-b}$ ，故

$Q_R^L=\overline{F}^{-1}(\dfrac{w-b+c_r}{p-b})=Q_R^b$ 。这与风险中性时的结果是一致的。并且，当回购契约 (w,b) 的参数满足一定关系时，损失规避下的零售商最优订货量会等于供应链系统的最优订货量，此时供应链能到达协调。下文继续考虑回购契约 (w,b) 的使供应链达到协调时参数应满足的条件。

7.3.2 回购契约设计研究

在回购契约 (w,b) 下，若风险规避的零售商的最优订货量 Q_R^L 等于供应链系统的最优订货量 $Q_T^*=\overline{F}^{-1}(\dfrac{c_s+c_r}{p})$ ，则回购契约能实现供应链的协调。

结论 7.3：若回购契约 (w,b) 能使 $Q_R^L=Q_T^*$ ，则回购契约能实现供应链协调，并能在供应链成员间任意分割供应链利润。

证明：当零售商损失规避（ $\lambda_r>1$ ）时，在回购契约 (w,b) 下，零售商的最优订货量 Q_R^L 满足 $0=\dfrac{\partial E[U(\pi_R^L)]}{\partial Q}=-(\lambda_r-1)\cdot(w+c_r-b)F(Q_R^1(w,b))-(p-b)F(Q_R^L)+(p-w-c_r)$ ，即 $(\lambda_r-1)\cdot(w+c_r-b)F(Q_R^1(w,b))+(p-b)F(Q_R^L)=p-w-c_r$ 。令 w 为一正常数，

若 $b=c_r$ ，则 $Q_R^L<\overline{F}^{-1}(\dfrac{w-b+c_r}{p-b})<Q_T^*$ ；

若 $b\to w$ ，则 $\dfrac{\partial E[U(\pi_R^L)]}{\partial Q}|_{Q=Q_T^*}>0$ ，则 $Q_R^L>Q_T^*$ 。

又由于 $\dfrac{\partial E[U(\pi_R^L)]}{\partial Q}$ 是连续函数，故存在 b^*（ w ）使得 $Q_R^L=Q_T^*=\overline{F}^{-1}(\frac{c_s+c_r}{p})$ 。故此时的回购契约（ w , b ）能实现供应链协调。将 $Q_R^L=Q_T^*=\overline{F}^{-1}(\frac{c_s+c_r}{p})$ 代入 Q_R^L 须满足的最优性条件，可得： $0=-(\lambda_r-1)\cdot(w+c_r-b)F(\frac{(w+c_r-b)\cdot Q_T^*}{p-b})-(p-b)\cdot(\frac{p-c_s-c_r}{p})+(p-w-c_r)$ ，从而

113

有回购契约 (w, b) 满足 $(\lambda_r - 1) \cdot \frac{(w + c_r - b)}{b} F(\frac{(w + c_r - b) \cdot Q_T^*}{p - b}) + \frac{(p - b) \cdot (p - c_s - c_r)}{p} = p - w - c_r$ 时能实现供应链的协调。

7.4 数值实验

7.4.1 参数设置

为了对上述模型进行检验和获得更多的管理学启示，现以一个算例进行分析，并对批发价格 w、损失规避程度 λ_r、回购价格 b 变化及带来的影响进行分析，以期为损失规避下供应链协调提供参考。

相关参数设置如下：$c_s = 2$，$c_r = 2$，$w = 6$，$\lambda_r = 2$，$b = 3$，$p = 10$，市场需求服从 $[0, 200]$ 的均匀分布。

7.4.2 敏感性分析

1. 回购契约对最优订货量及利润的影响分析

将各参数代入到回购契约 (w, b) 下零售商的最优订货量函数中，相关计算结果如表 7.1 所示，从表 7.1 可知，最优订货量 Q_R^L 是关于批发价格 w 的减函数，最优订货量 Q_R^L 是关于回购价格 b 的增函数。零售商的期望效用 $E[U(\pi_R^l)]$ 是关于批发价格 w 的减函数，是关于回购价格 b 的增函数。主要原因是当零售商的零售价格和成本固定不变，越高的批发价格导致零售商越低的边际利润，而越高的回购价格会增加零售商的边际利润。回购契约 (w, b) 对零售商的最优订货量如图 7.1 所示。

表 7.1　回购契约（w，b）下各参数对零售商最优订货量的影响

w	b	Q_R^L	$E\left[U\left(\pi^L_R\right)\right]$
4.0	3.8	114.60	229.21
4.5	3.6	90.74	158.80
5.0	3.4	70.06	105.10
5.5	3.2	52.53	65.66
6.0	3.0	37.84	37.84
6.5	2.8	25.61	19.21
7.0	2.6	15.46	7.73
7.5	2.4	7.03	1.76

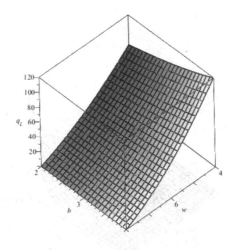

图 7.1　回购契约（w，b）对零售商的最优订货量的影响

　　此外，进一步考虑不同损失规避程度 λ_r 对回购契约（w，b）的影响，计算结果如表 7.2 所示，相关结果的变化趋势如图 7.2 所示。结论表明回购契约（w，b）随零售商的损失规避程度递增。

表 7.2 不同损失规避程度对回购契约的影响

λ_r	w	b
1.0	4.0	1.6
1.2	4.5	2.7
1.4	5.0	3.7
1.6	5.5	4.6
1.8	6.0	5.4
2.0	6.5	6.3
2.2	7.0	6.9

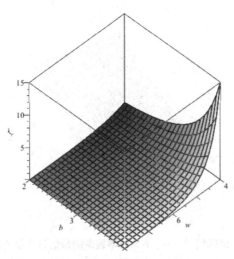

图 7.2 不同损失规避对回购契约的影响

2. 损失规避对最优订货量的影响分析

将上述输入参数代入前文模型中的最优订货量函数中，可知零售商在损失规避时的最优订货量为 64.62，明显小于风险中性时的最优订货量 85.71，可见零售商的损失规避效用扭曲了其订货量，导致其订货量小于风险中性时的订货量。不同损失规避程度 λ_r 下，零售商的最优订货量如表 7.3 所示，损失规避对最优订货量的影响如图 7.3 所示。从图 7.3 可知，零售商的最优订货量随着损

失规避程度 λ_r 的提高而不断减少。

表 7.3 损失规避程度 λ_r 对零售商的最优订货量的影响

λ_r	1.0	1.2	1.4	1.6	1.8	2.0	2.2	2.4	2.6	2.8	3.0
Q_R^L	85.71	80.46	75.81	71.67	67.96	64.62	61.59	58.82	56.30	53.98	51.85

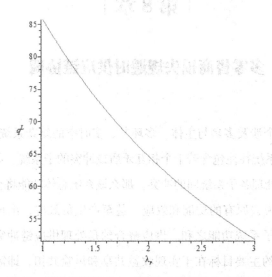

图 7.3 损失规避程度 λ_r 对零售商的最优订货量的影响

7.5 本章小结

本章考虑单制造商单零售商组成的供应链，研究了零售商 loss-averse 时的供应链回购契约协调。零售商损失规避时的最优订货量小于风险中性时的订货量，零售商的订货量随零售商的损失规避程度递减。回购契约能够使供应链达到协调。同时确定出了回购契约参数的取值范围和变化规律，为科学决策和实际操作提供了依据。

|第 8 章|

多零售商损失规避时供应链协调

　　供应链是一个涉及多参与主体、多环节、多时空的复杂系统。一般来说，需要进行协调的系统往往包含若干个相互矛盾或冲突的子系统。如果不能通过协调策略来有效处理各子系统间的冲突，那么该系统总体功能将会由于系统整体结构的失稳而失去原有的功能和效应，甚至产生负效应，出现系统的整体功能小于各部分子系统功能之和。供应链合约是处理供应链冲突的有效方法之一。供应链契约主要目标在于实现收益共享和风险共担，即需达到两个方面的目标：（1）增加整个供应链的利润使之尽可能接近供应链系统最优时的利润值；（2）供应链伙伴间因合作而带来的风险得到好的控制。

　　以往供应链协调的研究通常不考虑供应链成员在水平方向的相互影响，即不考虑零售商间的竞争与合作。但实际中零售商的决策不仅影响自身的利润而且影响水平方向上其他零售商的决策，同一供应链中零售商间的决策是相互联系、相互影响的。同时，以往供应链协调研究通常都假设决策者是完全理性的，但很多时候决策者具有损失规避（Loss Aversion）的特征，损失规避将影响供应链的决策及协调。本章考虑多零售商间决策的相互影响，并且在其损失规避时考虑该供应链的协调。

8.1 问题描述与变量说明

8.1.1 问题描述

供应链是一个包含多决策主体的功能网链结构，存在多决策主体的分布式决策是其一个显著特点。本书研究由一个制造商和两个零售商构成的供应链，供应链成员具有损失规避效应。零售商从自身利益最大化订购产品，供应商作为供应链的协调者追求供应链整体期望收入的最大化，供应商和零售商之间通过回购契约协调。供应商为改善供应链绩效而采用回购契约 (w, b) 来激励零售商从整个供应链收益最大角度选择订货量。回购契约是指供应商以批发价格 w 将商品批发给零售商，未销售完的产品供应商以回购价格 b 进行回收。

由于零售商的风险偏好不同，它们的效用不能直接相加并比较，所以本书认为在分散决策下零售商的总订购量达到一体化决策时的系统最优订购量时，供应链系统达到协调。因此首先需要建立一体化决策时供应链的决策模型，以寻求系统最优的订购量。

在刻画零售商风险规避程度上，本书采用 loss-averse 模型，即零售商 i 的效用函数表示为：

$$U_i(\pi_i) = \begin{vmatrix} \pi_i & \pi_i \geq 0 \\ \lambda_i \pi_i & \pi_i < 0 \end{vmatrix} \tag{8.1}$$

其中 λ_r 表示零售商 i 的损失规避系数（即损失规避特征），$\lambda_r = 1$ 表示零售商 i 是风险中性的决策者；$\lambda_r > 1$ 表示零售商 i 是损失规避的决策者；因而 λ_r 愈大，表示零售商 i 越害怕利润损失，表明风险规避性越强。Π_i，$(i = 2)$ 为零售商 i 的期望利润。由式（8.1）可以看出零售商 i 对损失的关注程度比盈利的关注程度要强。

8.1.2 变量与参数

市场需求 X 是随机变量，其概率密度函数为 $f(x)$，分布函数 $F(x)$。$F(x)$

连续、可导且可逆。Q_1 和 Q_2 分别为零售商 1 和零售商 2 的订货量，$Q_{-i} = Q - Q_i$ 为除零售商 i 之外的零售商的订购量，Q 为所有零售商总的订货量。零售商间不同的订货量表明零售商间的在终端客户市场的竞争状态，零售商 i 在终端市场的需求量 X_i 与其订货量成正比，$X_i = \frac{Q_i}{Q} X$。该式表明终端客户在购买该产品时不会考虑是哪个零售商在销售该品牌产品，只要该产品在该零售商有库存，顾客就可以购买。该式也表明某个零售商的决策会影响到其他零售商的决策。则零售商 i 在终端顾客市场面临的密度函数为 $h(x_i) = \frac{Q}{Q_i} f(x)$。产品批发价格为 w，未售完产品的回购价格为 b，显然要求 $b < w$，否则零售商将会订无穷多的产品；产品市场价格为 p，制造商的边际成本为 c_s。为了便于分析，假设未满足消费者需求时零售商的商誉损失为 0，没有售出的剩余产品的残值为 0。当零售商 i 的订购数量为 Q_1 时，当零售商 i 的期望销售量为：

$$S(Q_i) = E \min(Q_i, x_i) = \int_0^{Q_i} x_i h(x_i)\, dx_i + \int_{Q_i}^{\infty} Q_i f(x_i)\, dx_i = Q_i - \int_0^{Q_i} H(x_i)\, dx_i,$$

且有 $u_i = E[X_i]$。

8.2 风险中性时的协调合约

8.2.1 风险中性时供应商决策

为了比较分析，我们首先探讨零售商 i 为风险中性者且供应商不提供回购契约机制时双方的收益情况。一体化决策时，供应商以整个供应链的利润最大化为目标，供应链系统的利润函数为：

$$\pi_T(Q) = \begin{cases} (p - c_s) \cdot Q, & Q \le x \\ px - c_s \cdot Q, & Q > x \end{cases} \tag{8.2}$$

供应链系统的期望利润为：

$$E[\pi_T(Q)] = \int_0^Q [px - c_s \cdot Q] f(x) \, dx + \int_Q^{+\infty} [(p - c_s) \cdot Q] f(x) \, dx$$

$$= (p - c_s) \cdot Q - p \cdot \int_0^Q F(x) \, dx \tag{8.3}$$

此时，供应链的最优订购量与供应商的最优生产数量相等，即为：

$$Q_T^* = Q_S^* = F^{-1}(\frac{p - c_s}{p}) \tag{8.4}$$

8.2.2 风险中性时零售商决策

若供应商按批发价格将产品卖给零售商，则零售商将从个体利益最大化角度选择最佳订货量，此时，零售商 i 的利润函数为：

$$\pi_i(Q_i) = \int_0^{Q_i} [px_i - wQ_i] h(x_i) \, dx_i + \int_{Q_i}^{+\infty} [pQ_i - wQ_i] h(x_i) \, dx_i$$

$$= \frac{Q_i}{Q} [\int_0^Q [px - wQ] f(x) \, dx + \int_Q^{+\infty} [pQ - wQ] f(x) \, dx]$$

$$= \frac{Q_i}{Q} [(p - w) \cdot Q - p \cdot \int_0^Q F(x) \, dx)] \tag{8.5}$$

零售商的总利润为：$\pi_1(Q_1) + \pi_2(Q_2) = (p - w) \cdot Q - p \cdot \int_0^Q F(x) \, dx)$

$$\tag{8.6}$$

从而，所有零售商的最优订货量满足 $F(Q_R^*) = \dfrac{p - w}{p}$，

$$即 Q_R^* = F^{-1}(\frac{p - w}{p}) \tag{8.7}$$

很显然，由于 $w \neq c_s$，故分散化决策时，所有零售商订货量之和不为系统的最优订货量，即 $Q_R^* \neq Q_T^*$，分散化决策时的订货量未能达到供应链收益最大所需要的订货量。因此，供应商需要提供某种契约机制来诱导零售商从整个供应链收益最大角度选择订货量。

8.2.3 风险中性时的回购契约

若供应商提供回购契约（w, b）给零售商，则零售商将从个体利益最大化

角度选择最佳订货量,此时,零售商 i 的订货量为 Q_i 时,零售商 i 的利润函数为:

$$\pi_i(Q_i) = \begin{cases} px_i + b(Q_i - x_i) - wQ_i, & x_i \le Q_i \\ pQ_i - wQ_i, & x_i > Q_i \end{cases} \quad (8.8)$$

从而有零售商 i 的期望利润函数为:

$$\pi_i(Q_i) = \int_0^{Q_i} [px_i + b(Q_i - x_i) - wQ_i]h(x_i)dx_i + \int_{Q_i}^{+\infty} [pQ_i - wQ_i]h(x_i)dx_i$$

$$= \frac{Q_i}{Q}[\int_0^Q [px + b(Q - x) - wQ]f(x)dx + \int_Q^{+\infty} [pQ - wQ]f(x)dx]$$

$$= \frac{Q_i}{Q}[(p - w) \cdot Q - (p - b) \cdot \int_0^Q F(x)dx]$$

$$(8.9)$$

零售商的总利润为:

$$\pi_R(Q) = \pi_1(Q_1) + \pi_2(Q_2) = (p - w) \cdot Q - (p - b) \cdot \int_0^Q F(x)dx) \quad (8.10)$$

从而,所有零售商的最优订货量满足 $F(Q_R^b) = \dfrac{p - w}{p - b}$,

$$即 \quad Q_R^b = F^{-1}(\frac{p - w}{p - b}) \quad (8.11)$$

很显然,供应商采用回购契约的目的是诱导零售商选择的订货等于供应链收益最大时所需要的订货量,从而必须有 $\dfrac{p - w}{p - b} = \dfrac{p - c_s}{p}$,即对任意的 $\eta \ge 0$,回购契约 (w, b) 须满足 $\begin{cases} p - w = \eta \cdot (p - c_s) \\ p - b = \eta \cdot p \end{cases}$。

此时,所有零售商的利润之和为:

$$\pi_R(Q) = \eta \cdot \pi_T(Q) \quad (8.12)$$

供应商的利润函数为:

$$\pi_S(Q) = \pi_T(Q) - \pi_R(Q) = (1 - \eta) \cdot \pi_T(Q) \quad (8.13)$$

因此,当 $0 \le \eta \le 1$ 时,回购契约 (w, b) 能有效协调该供应链系统,并且所有零售商的利润关于参数 η 单调递增,供应商的利润关于参数 η 单调递减,η 能实现供应链利润在零售商和供应商间的有效分配。

8.3 Loss–averse 时的协调合约

8.3.1 零售商损失规避时的决策

当供应商向零售商提供回购契约 (w, b) 时，零售商 i 的利润函数为：

$$\pi_i^L(Q_i) = \begin{cases} px_i + b(Q_i - x_i) - wQ_i, & x_i \leq Q_i \\ pQ_i - wQ_i, & x_i > Q_i \end{cases} \quad (8.14)$$

从而，零售商 i 的期望利润函数为：

$$E[\pi_i^L(Q_i)] = \int_0^{Q_i} [px_i + b(Q_i - x_i) - wQ_i] h(x_i) dx_i + \int_{Q_i}^{+\infty} [pQ_i - wQ_i] h(x_i) dx_i$$

$$= \frac{Q_i}{Q} [\int_0^Q [px + b(Q-x) - wQ] f(x) dx + \int_Q^{+\infty} [pQ - wQ] f(x) dx]$$

$$= \frac{Q_i}{Q} [(p-w) \cdot Q - (p-b) \cdot \int_0^Q F(x) dx]$$

$$(8.15)$$

则零售商 i 在回购契约 (w, b) 下的盈亏平衡点为 $Q_R^1(w, b) = \dfrac{(w-b) \cdot Q}{p-b}$。当最终需求 $x < Q_R^1(w, b)$ 时，零售商 i 的利润为负；当 $x > Q_R^1(w, b)$ 时，零售商 i 的利润为正。由此可得零售商 i 在回购契约 (w, b) 下的期望效用函数为：

$$E[U(\pi_i^L)] = E[\pi_i(Q_i)] + (\lambda_i - 1) \cdot \frac{Q_i}{Q} [\int_0^{Q_R^1(w,b)} [px + b(Q-x) - wQ] f(x) dx]$$

$$= \frac{Q_i}{Q} [(p-w) \cdot Q - (p-b) \cdot \int_0^Q F(x) dx] + (\lambda_i - 1) \cdot \frac{Q_i}{Q} [\int_0^{Q_R^1(w,b)} [px + b(Q-x) - wQ] f(x) dx]$$

$$(8.16)$$

$$\frac{\partial E[U(\pi_i^L)]}{\partial Q_i} = \frac{Q_{-i}}{Q^2} \cdot (p-b) \cdot \int_0^Q xf(x) dx - (p-b)F(Q) + p - w$$

$$+ (\lambda_i - 1) \cdot [\frac{Q_{-i}}{Q^2} \int_0^{Q_R^1(w,b)} (p-b)xf(x) dx + (b-w)F(Q_R^1(w,b))]$$

$$\frac{\partial^2 E[U(\pi_i^L)]}{\partial Q_i^2} = -\frac{2Q_{-i} \cdot (p-b)}{Q^2} f(Q) - (p-b)f(Q) - 2(\lambda_i - 1) \cdot \frac{Q_{-i}}{Q^2} \cdot (w-b)^2 \cdot f(\frac{(w-b) \cdot Q}{p-b})$$

$$- \frac{(w-b)^2}{p-b} \cdot f(\frac{(w-b) \cdot Q}{p-b}) < 0$$

结论 8.1：当其他零售商的订货量增加时，损失规避零售商 i 的最优订货量是减少的。

证明：

$$\frac{\partial^2 E[U(\pi_i^L)]}{\partial Q_i \partial Q_{-i}} = (p-b)\cdot[\int_0^Q xf(x)\,dx\cdot\frac{-2Q_{-i}}{Q^3} + \frac{Q_{-i}}{Q}f(Q) + \frac{1}{Q^2}\cdot\int_0^Q xf(x)\,dx] - (p-b)f(Q)$$

$$+(\lambda_i-1)(p-b)\cdot[(\frac{Q-2Q_{-i}}{Q^3})\int_0^{Q_R^1(w,b)} xf(x)\,dx + \frac{Q_{-i}}{Q^2}\cdot\frac{(w-b)\cdot Q}{p-b}\cdot f(Q_R^1(w,b))\cdot\frac{(w-b)}{p-b}]$$

$$+(\lambda_i-1)\cdot(b-w)\cdot f(Q_r^1(w,b))\cdot\frac{(w-b)}{p-b}$$

$$=(p-b)\cdot[\int_0^Q xf(x)\,dx\cdot\frac{Q-2Q_{-i}}{Q^3} + \frac{Q_{-i}}{Q}f(Q)] - (p-b)f(Q)$$

$$+(\lambda_i-1)(p-b)\cdot[(\frac{Q-2Q_{-i}}{Q^3})\int_0^{Q_R^1(w,b)} xf(x)\,dx - \frac{Q_i}{Q}\cdot\frac{(w-b)^2}{(p-b)^2}\cdot f(Q_R^1(w,b))] < 0$$

故对于零售商 i 有且仅有唯一的反应函数 $Q_i^* = \arg\max_{Q_i} E[U(\pi_i^L(Q_i, Q_{-i}))]$，所有零售商的最优订货量是该供应链系统的 Nash 均衡，并且该 Nash 均衡解满足一阶条件：

$$\frac{Q_{-i}}{Q^2}\cdot(p-b)\cdot\int_0^Q xf(x)\,dx - (p-b)F(Q) + p - w$$

$$+(\lambda_i-1)\cdot[\frac{Q_{-i}}{Q^2}\int_0^{Q_R^1(w,b)}(p-b)xf(x)\,dx + (b-w)F(Q_R^1(w,b))] = 0$$

由于所有零售商效用函数的表达式具有一致性，故在均衡状态下，$Q_i^* = Q_j^*, i \neq j$。从而有 $Q_1^* = Q_2^* = \dfrac{Q^*}{2}$。故所有零售商的均衡解需满足的一阶条件可得到：

结论 8.2：供应链的最优订货量随风险规避程度增加而下降。

证明：由零售商的均衡订货量需满足的一阶最优性条件，可知：

$$G(Q^*, w, b, \lambda_i) = \frac{1}{2Q^*}\cdot(p-b)\cdot\int_0^{Q^*} xf(x)\,dx - (p-b)F(Q^*) + p - w$$

$$+(\lambda_i-1)\cdot[\frac{1}{2Q^*}\cdot\int_0^{Q_R^1(w,b)}(p-b)xf(x)\,dx + (b-w)F(Q_R^1(w,b))] = 0$$

由隐函数定理可知：

$$\frac{\partial G}{\partial Q} = \frac{(p-b)}{2Q^2}[Qf(Q) - \int_0^{Q^*} xf(x)\,dx] - (p-b)f(Q) + \frac{(\lambda_i-1)(p-b)}{2Q^2} \cdot [\frac{(w-b)^2 \cdot Q}{(p-b)^2} \cdot f(\frac{(w-b) \cdot Q}{p-b})$$

$$- \int_0^{Q_R^k(w,b)} xf(x)\,dx] + \frac{(\lambda_i-1) \cdot (w-b)^2}{p-b} \cdot f(\frac{(w-b) \cdot Q}{p-b})$$

$$= \frac{(p-b)}{2} \cdot \frac{[Qf(Q) - \int_0^{Q^*} xf(x)\,dx]}{Q^2} - (p-b)f(Q)$$

$$+ \frac{(\lambda_i-1)(p-b)}{2} \cdot \frac{[\frac{(w-b)^2 \cdot Q}{(p-b)^2} \cdot f(\frac{(w-b) \cdot Q}{p-b}) - \int_0^{\frac{(w-b) \cdot Q}{p-b}} xf(x)\,dx]}{Q^2} + \frac{(\lambda_i-1) \cdot (w-b)^2}{p-b} \cdot f(\frac{(w-b) \cdot Q}{p-b}) > 0$$

$$\frac{\partial G}{\partial \lambda_i} = \frac{(p-b)}{2} \cdot \frac{[\frac{(w-b)^2 \cdot Q}{(p-b)^2} \cdot f(\frac{(w-b) \cdot Q}{p-b}) - \int_0^{\frac{(w-b) \cdot Q}{p-b}} xf(x)\,dx]}{Q^2} + \frac{(w-b)^2}{p-b} \cdot f(\frac{(w-b) \cdot Q}{p-b}) > 0$$

由隐函数定理可知 $\frac{\partial Q}{\partial \lambda_i} = -\frac{\frac{\partial G}{\partial \lambda_i}}{\frac{\partial G}{\partial Q}} < 0$，从而供应链的订货量随风险规避程度而下降。

结论 8.3：在回购契约 (w,b) 下，零售商 i 的期望效用函数 $E[U(\pi_i^L)]$ 是关于零售商 i 订货量的凹函数，风险规避零售商 i 的最优订货量 Q_i^L 满足 $\frac{\partial E[U(\pi_i^L(Q_i^L))]}{\partial Q_i} = 0$，并且 Q_i^L 是关于 w 和 λ_i 的减函数，b 的增函数。

证明：

$$\frac{\partial E[U(\pi_i^L)]}{\partial Q_i} = \frac{Q_{-i}}{Q^2} \cdot (p-b) \cdot \int_0^Q xf(x)\,dx - (p-b)F(Q) + p - w$$

$$+ (\lambda_i-1) \cdot [\frac{Q_{-i}}{Q^2} \int_0^{Q_R^1(w,b)} (p-b)xf(x)\,dx + (b-w)F(Q_R^1(w,b))]$$

$$\frac{\partial^2 E[U(\pi_i^L)]}{\partial Q_i^2} = -\frac{2Q_{-i} \cdot (p-b)}{Q^2} f(Q) - (p-b)f(Q) - 2(\lambda_i-1) \cdot \frac{Q_{-i}}{Q^2} \cdot (w-b)^2 \cdot f(\frac{(w-b) \cdot Q}{p-b})$$

$$- \frac{(w-b)^2}{p-b} \cdot f(\frac{(w-b) \cdot Q}{p-b}) < 0$$

故期望效用函数 $E[U(\pi_i^L)]$ 是关于零售商订货量的凹函数。最优订货量 Q_i^L 满足 $\frac{\partial E[U(\pi_i^L(Q_i^L))]}{\partial Q_i} = 0$。同时，

$$\frac{\partial^2 E[U(\pi_i^L)]}{\partial Q_i \partial w} = -1 - (\lambda_i - 1) \cdot \frac{Q}{p-b} f(Q_R^1(w,b)) \cdot [w - \frac{Q_{-i}}{Q}(w-b)] - (\lambda_i - 1) \cdot F(Q_R^1(w,b)) < 0$$

这表明 $\dfrac{\partial E[U(\pi_i^L(Q_i^L))]}{\partial Q_i}$ 是关于 w 的减函数。故对任意给定的批发价格 $w_1 > w_2$,有如下关系成立:

$$\frac{\partial E[U(\pi_i^L(w_1, b, Q_i^L(w_1, b, \lambda_i), \lambda_i))]}{\partial Q_i} = 0$$

$$= \frac{\partial E[U(\pi_i^L(w_2, b, Q_i^L(w_2, b, \lambda_i), \lambda_i))]}{\partial Q_i} > \frac{\partial E[U(\pi_i^L(w_1, b, Q_i^L(w_2, b, \lambda_i), \lambda_i))]}{\partial Q_i}$$

又由于 $\dfrac{\partial^2 E[U(\pi_i^L)]}{\partial Q_i^2} < 0$,从而有 $Q_i^L(w_1, b, \lambda_i) < Q_i^L(w_2, b, \lambda_i)$。故 $Q_i^L(w, b, \lambda_i)$ 是关于 w 的减函数。类似地可以证明 $Q_i^L(w, b, \lambda_i)$ 是关于 λ_i 的减函数,关于 b 的增函数。

从结论 8.3 可知,零售商的损失规避效用扭曲了其订货量,并且,在其他条件不变的情况下,损失规避的零售商的订货量比风险中性的零售商的订货量要小。并且损失规避程度越高,零售商的订货量越少。当 $\lambda_i = 1$ 时,零售商为风险中性情形,$\dfrac{\partial E[U(\pi_i^L(Q_i^L))]}{\partial Q_i} = 0$ 退化为:

$$\frac{Q_{-i}}{Q^2} \cdot (p-b) \cdot \int_0^Q x f(x) \, dx - (p-b) F(Q) + p - w = 0$$

并且,所有零售商的最优订货量满足 $F(Q_R^L) = \dfrac{p-w}{p-b}$,即 $Q_R^L = F^{-1}(\dfrac{p-w}{p-b})$。这与风险中性时的结果是一致的。并且,当回购契约 (w, b) 的参数满足一定关系时,损失规避下的零售商最优订货量会等于供应链系统的最优订货量,此时供应链能达到协调。下文继续考虑回购契约 (w, b) 的使供应链达到协调时参数应满足的条件。

8.3.2 回购契约设计研究

在回购契约 (w,b) 下，若风险规避的所有零售商的最优订货量 Q_R^L 等于供应链系统的最优订货量 $Q_T^* = F^{-1}(\frac{p-c_s}{p})$，则回购契约能实现供应链的协调。

结论 8.4：若回购契约 (w,b) 能使 $Q_R^L = Q_T^*$，则回购契约能实现供应链协调，并能在供应链成员间任意分割供应链利润。

证明：当零售商 i 损失规避（$\lambda_i > 1$）时，在回购契约 (w,b) 下，零售商 i 的最优订货量 Q_R^L 满足：

$$G(Q^*,w,b,\lambda_i) = \frac{1}{2Q^*} \cdot (p-b) \int_0^{Q^*} xf(x)\,dx - (p-b)F(Q^*) + p - w$$
$$+ (\lambda_i - 1) \cdot [\frac{1}{2Q^*} \cdot \int_0^{Q_R^1(w,b)} (p-b)xf(x)\,dx + (b-w)F(Q_R^1(w,b))]$$
$$= 0$$

由结论 8.2 可知，$G(Q^*,w,b,\lambda_i)$ 为关于回购价格 b 的增函数，令 w 为一正常数，若 $b \to w$，则 $Q_R^L < F^{-1}(\frac{p-w}{p-b}) < Q_T^*$；若 $b \to p$，则 $\frac{\partial E[U(\pi_R^L)]}{\partial Q}|_{Q=Q_T^*} > 0$，则 $Q_R^L > Q_T^*$。又由于 $\frac{\partial E[U(\pi_R^L)]}{\partial Q}$ 是连续函数，故存在 b^* 使得 $Q_R^L = Q_T^* = F^{-1}(\frac{p-c_s}{p})$。故此时的回购契约 (w,b) 能实现供应链协调。将 $Q_R^L = Q_T^* = F^{-1}(\frac{p-c_s}{p})$ 代入 Q_R^L 须满足的最优性条件，可得：

$$\frac{1}{2Q_T^*} \cdot (p-b) \int_0^{Q_T^*} xf(x)\,dx - (p-b) \cdot \frac{p-c_s}{p} + p - w$$
$$+ (\lambda_i - 1) \cdot [\frac{1}{2Q_T^*} \cdot \int_0^{\frac{p-c_s}{p}\frac{w-b}{p-b}} (p-b)xf(x)\,dx + (b-w)F(\frac{p-c_s}{p} \cdot \frac{w-b}{p-b})] = 0$$

从而有回购契约 (w,b) 满足上式时能实现供应链的协调。

8.4 数值实验

8.4.1 参数设置

为了更好地对问题进行分析，现以一个算例进行分析，并对回购契约 (w,b) 损失规避程度 λ_i 对最优决策的影响进行分析，以期得到有益结论，为实现损失规避下供应链的合约设计决策提供参考。

相关参数设置如下：$c_s = 2$，$w = 6$，$\lambda_i = 2$，$b = 3$，$p = 10$，市场需求服从 $[0, 200]$ 的均匀分布。

8.4.2 敏感性分析

1. 回购契约 (w,b) 对最优决策的影响分析

将各参数代入到回购契约 (w,b) 下零售商的最优订货量函数中，发现最优订货量 Q_i^L 是关于批发价格 w 的减函数，是关于回购价格 b 的增函数。

表 8.1 回购契约 (w,b) 下各参数对零售商最优决策的影响

w	b	Q_i^L	Q_R^L	$E[U(\pi_R^L)]$
4.0	3.8	77.37	154.74	278.46
4.5	3.6	67.94	135.88	223.04
5.0	3.4	58.54	117.08	172.97
5.5	3.2	49.54	99.08	129.94
6.0	3.0	41.18	82.36	94.47
6.5	2.8	33.57	67.14	66.21
7.0	2.6	26.76	53.52	44.42
7.5	2.4	20.72	41.44	28.14
8.0	2.2	15.40	30.80	16.43
8.5	2.0	10.74	21.48	8.45

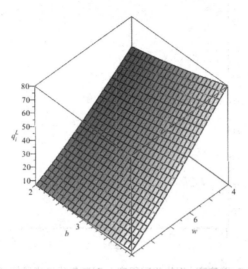

图 8.1　回购契约 (w, b) 对零售商的最优订货量的影响

2. 零售商的损失规避程度 λ_i 对最优决策的影响分析

零售商在损失规避时的最优订货量为 41.18，明显小于风险中性时的最优订货量 80，可见零售商的损失规避效用扭曲了其订货量，并且零售商 i 的最优订货量随着损失规避程度 λ_i 的提高而不断减少，供应链的最优订货量随风险规避程度的提高而下降。

表 8.2　零售商 i 损失规避程度 λ_i 对其最优订货量的影响

λ_i	1.0	1.2	1.4	1.6	1.8	2.0	2.2	2.4	2.6	2.8	3.0
Q_i^L	45.72	44.73	43.79	42.88	42.01	41.18	40.38	39.61	38.86	38.15	37.46
Q_R^L	91.44	89.46	87.58	85.76	84.02	82.36	80.76	79.22	77.72	76.30	74.92

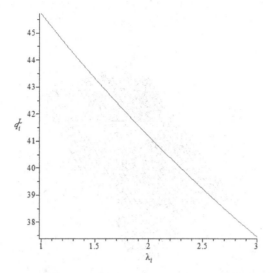

图 8.2 零售商 i 损失规避程度 λ_i 对其最优订货量的影响

8.5 本章小结

　　本章考虑单制造商和两零售商组成的供应链系统，研究了零售商 Loss-averse 时供应链的协调问题。结论表明零售商间的订货量是相互影响的，存在着此消彼长的关系；在回购契约 (w,b) 下，损失规避零售商的最优订货量是关于批发价格 w 和损失规避系数 λ_i 的减函数，回购价格 b 的增函数；回购契约能够使该供应链达到协调。

| 第 9 章 |

内生偏好零售商的供应链协调研究

在众多研究中都是以外生偏好系数来设定决策者的决策目标函数,但在实际经济生活中,市场环境时刻在发生着变化,继而决策者所面对的决策环境也是不断变化着的。决策者自身的心理认知以及决策行为都会随着周围环境的不断改变而发生变化。随着行为金融理论的快速发展,发现在之前研究中设定的外生偏好系数,即决策者所具有的损失规避程度是外界已经给定的,并不随着环境的变化而改变,这样一个给定的外生偏好系数运用到供应链相关决策中,仍旧存在需要及时解决的根本性问题。因此,应该从决策者内生偏好特征角度出发,通过建立具有内生损失规避系数的数学模型对相关决策行为进行定量分析,得出的研究结论更加能贴近于实际行为的认知过程。在目前为止,很少有学者将内生偏好系数引入到供应链协调的相关研究之中,因而,本章以下研究就是通过建立收益共享契约来使存在内生偏好零售商参与的供应链实现协调的相关问题。

9.1 问题描述与变量说明

9.1.1 问题描述

由前面理论分析中提到的最大衰减函数理论,以下分析的供应链协调就是由内生偏好零售商与风险中性供应商组成的两级供应链的协调问题。内生偏好特征的零售商在出现损失时通过指数衰减实现最快扭亏，类似于零售商决策者具有损失规避。由以上理论分析直接可得衰减函数为：

$$I = \max_{\theta} \left[-\log E(e^{\theta R}) \right] \tag{9.1}$$

其中，$E(\bullet)$ 是期望值；θ 是小于 0 的实数。非正实数 θ 表示的是决策主体所具有的损失规避系数，式 9.1 中可以看出 θ 完全内生于衰减函数 I，也就是说损失规避系数 θ 是会随着决策主体的心理认知以及决策环境的变化而不断发生改变。因此，内生偏好更加贴近于行为金融理论对人性的假设。

本章中分析的是由单个风险中性供应商和单个内生偏好零售商组成两级供应链的具体协调机制问题，通过最大衰减函数理论进行数学建模，将内生偏好零售商的损失规避特征通过最大衰减函数模型中的内定损失规避系数变现出来，也就是通过量化分析来研究内生偏好供应链协调。零售商和供应商都是市场经济下的独立实体，因此，零售商是从自身利益的角度来考虑并制定订购量，而供应商在本章的研究中作为供应链的协调者为了追求整体供应链绩效最大化及期望收益最大化将与零售商建立收益共享契约，即供应商通过以一个相对较低的批发价格来给零售商供货，而零售商在销售季末时给供应商分配部分比例的销售收入。供应商通过收益共享契约来激励零售商提高其订购量，促使能够实现整体绩效最大化。由于供应商和零售商所具有的风险偏好并不一致，其效用并不能直接进行相关比较以及相加，因此，在研究中当分散决策控制系统下内生偏好零售商的最优订购量与集中控制决策系统下整体的最优订购量一致时，就认为供应链实现协调。

9.1.2 变量说明

零售商为了满足连续且非负的市场随机需求而向供应商订购产品，并最终出售给消费者，在销售期末时未出售完的产品具有一定的残值。本章的研究并不考虑相关极端情况，零售商和供应商两者都是有利可图的。因而在该供应链协调模型研究中所涉及的变量如下：

Q：零售商订购量；

p：零售商出售单位产品的零售价格；

c：供应商单位产品的生产成本；

s：零售商销售期末未出售完剩余产品的单位残值；

(w, φ)：收益共享契约参数，其中 w 表示供应商出售给零售商的单位产品批发价格，φ 表示零售商销售收益的分配比例，$(1-\varphi)$ 则表示供应商分配销售收益的比例；

x：市场随机需求量，$f(x)$：市场随机需求的概率密度函数，$F(x)$ 累积分布函数，两者函数都是可微可逆的，且 $1-F(x) = \overline{F}(x)$，市场随机需求期望 $E(x) = \mu$。

为了防止零售商将市场需求风险全转移给供应商，特定将相关参数做以下假定，$0 < s < c < w < p$。并令 π 为相应随机收益；E 为期望收益；上标 "*" 表示各决策系统下的最优取值，下标 T、S、R 分别表示集中系统供应链、供应商和零售商。

在集中决策系统的情形下：

π_T：集中决策系统下整体供应链收益；

$E\pi_T$：集中决策系统下整体供应链期望收益；

在分散决策系统的情形下：

π_R：分散决策系统下零售商收益；

I_R：分散决策系统下零售商期望收益；

π_S：分散决策系统下供应商收益；

$E(\pi_S)$：分散决策系统下供应商期望收益。

9.2 内生偏好零售商供应链协调研究

9.2.1 集中化供应链决策系统

在集中控制决策系统中，各个组成成员企业之间的信息都是完全对称的，因而整个供应链系统可以看成是一家企业。对于整个企业来说就会以自身利益最大化作为前提来做出相应决策，该决策就是企业的最优决策，也就是说在集中决策系统下的供应链看成是一家企业，在该系统下所作出的最优决策能使整个供应链实现最优状态达到供应链协调。因此，集中系统下供应链的收入就为残值收入与销售收入之和，供应链的成本也就是仅为供应商的生产成本。因而，集中控制系统下的供应链收益为：

$$\pi_T = \begin{cases} px + s(Q-x) - cQ & x \le Q \\ pQ - cQ & x > Q \end{cases} \tag{9.2}$$

由此可得，供应链的期望收益为：

$$E\pi_T = \int_0^Q [(p-s)x + (s-c)Q] f(x)dx + \int_Q^\infty (p-c)Q f(x)dx \tag{9.3}$$

期望收益对变量 Q 求一阶导、二阶导分别为：

$$\frac{dE\pi_T}{dQ} = F(Q)(s-p) + (p-c) \tag{9.4}$$

$$\frac{dE\pi_T}{dQ} = 0 \quad \frac{d^2 E\pi_T}{dQ^2} = f(Q)(s-p) < 0 \tag{9.5}$$

由以上分析可以得到期望收益 $E\pi_T$ 是关于 Q 的凹函数，因此，可由得到整体供应链的最优订货量：

$$Q_T^* = F^{-1}\left(\frac{p-c}{p-s}\right) \tag{9.6}$$

9.2.2 分散化供应链决策系统

在分散化控制系统供应链中，供应商和零售商作为独立经济实体，两者都是在自身利益最大化前提下进行相关决策的。在两者没有合作的情况下，由于信息不对称等原因会导致"双重边际效应"的发生。因此，为了能够使供应链整体绩效达到最优，供应链与零售商建立了收益共享契约，通过契约的建立能够使零售商的订购量达到供应链绩效最优的状态。在收益共享契约的条件下，零售商的收益可表示为：

$$\pi_R = \begin{cases} \varphi[px + s(Q-x)] - wQ & x \le Q \\ \varphi pQ - wQ & x > Q \end{cases} \tag{9.7}$$

供应商的收益可表示为：

$$\pi_S = \begin{cases} (1-\varphi)[px + s(Q-x)] + wQ - cQ & x \le Q \\ (1-\varphi)pQ + wQ - cQ & x > Q \end{cases} \tag{9.8}$$

对于零售商具有内生偏好来说，根据最大衰减函数理论，可以将式 9.1 中的 θ 更进一步假设为 $\theta = -\lambda$，此时，λ 为大于零的正实数。因而可得零售商的期望效用为：

$$I_R = E(-e^{-\lambda \pi_R}) = \int_0^Q -e^{-\lambda[\varphi(p-s)x + (\varphi s - w)Q]} f(x)dx + \int_Q^\infty -e^{-\lambda(\varphi p - w)Q} f(x)dx \tag{9.9}$$

期望效用对变量 Q 求一阶导、二阶导分别为：

$$\frac{dI_R}{dQ} = \lambda(\varphi s - w)e^{-\lambda(\varphi s - w)Q} \int_0^Q e^{-\lambda \varphi(p-s)x} f(x)dx + \lambda(\varphi p - w)e^{-\lambda(\varphi p - w)Q} \overline{F}(Q) \tag{9.10}$$

$$\frac{d^2 I_R}{dQ^2} = -\lambda^2 (\varphi s - w)^2 e^{-\lambda(\varphi s - w)Q} \int_0^Q e^{-\lambda \varphi(p-s)x} f(x)dx$$
$$+ e^{-\lambda(\varphi p - w)Q} f(Q)[\lambda(s-p) - \lambda^2 (\varphi p - w)^2 \overline{F}(Q)] < 0 \tag{9.11}$$

由以上分析可得内生偏好零售商的期望效用 I_R 同样是关于订购量 Q 的凹函数，那么就存在零售商的最优订货量 Q_R^* 可以满足于 $\frac{dI_R}{dQ} = 0$，即：

$$\lambda(\varphi s - w)e^{-\lambda(\varphi s - w)Q_R^*} \int_0^{Q_R^*} e^{-\lambda \varphi(p-s)x} f(x)dx + \lambda(\varphi p - w)e^{-\lambda(\varphi p - w)Q_R^*} \overline{F}(Q_R^*) = 0 \tag{9.12}$$

其中 λ 代表零售商的损失规避系数，由 $I_R = E(-e^{-\lambda \pi_R})$ 可等价为 $I_R = -\frac{1}{\lambda} \ln E(e^{-\lambda \pi_R})$。

性质 1：当 $\lambda \to 0$ 时，零售商具有风险中性的特征，且零售商最优订购量

随着 λ 的增加而降低。

证明：

当零售商为风险中性时，可得零售商的期望效用也就是零售商的期望收益。

而由 $I_R = -\dfrac{1}{\lambda}\ln E(e^{-\lambda\pi_R})$，可得：

$$\lim_{\lambda\to 0}\left(-\frac{\ln E(e^{-\lambda\pi_R})}{\lambda}\right)=\lim_{\lambda\to 0}\left(-\frac{\dfrac{dE(e^{-\lambda\pi_R})}{d\lambda}\cdot\dfrac{1}{E(e^{-\lambda\pi_R})}}{1}\right)$$

$$=\lim_{\lambda\to 0}\left(-\frac{E\left(\dfrac{de^{-\lambda\pi_R}}{d\lambda}\right)}{E(e^{-\lambda\pi_R})}\right)=\lim_{\lambda\to 0}\left(-\frac{E(-\pi e^{-\lambda\pi_R})}{E(e^{-\lambda\pi_R})}\right)=E(\pi_R)$$

（9.13）

即当 $\lambda\to 0$ 时，零售商就为风险中性。

当 $\lambda=\lambda_1>0$ 时，假设 $Q_{R_1}^{*}$ 能够满足 $I_R=\max E(-e^{-\lambda\pi_R})$，那么也就是等价于满足 $I_R=\min E(e^{-\lambda\pi_R})$，

因此，在以下的证明过程中将目标函数都设为 $I_R=\min E(e^{-\lambda\pi_R})$。现只需要证明当 $\lambda=\lambda_2>\lambda_1$ 时，存在 $Q_{R_2}^{*}$ 满足 $I_R=\min E(e^{-\lambda\pi_R})$，且 $Q_{R_2}^{*}\le Q_{R_1}^{*}$。

设 $\phi(Q,\lambda)=E(e^{-\lambda\pi_R})$，对变量 Q 求导可得：

$$\phi'(Q,\lambda)=-\lambda E(e^{-\lambda\pi_R}\cdot\pi_R')$$

（9.14）

由式9.7可以得到：$\pi_R'=\begin{cases}\varphi s-w & x\le Q\\ \varphi p-w & x>Q\end{cases}$

（9.15）

因而，

$$\phi'(Q,\lambda)=-\lambda e^{-\lambda(\varphi p-w)Q}\cdot G(Q,\lambda)$$

（9.16）

其中，

$$G(Q,\lambda)=(\varphi s-w)\int_0^Q e^{\lambda\varphi(p-s)(Q-x)}f(x)dx+(\varphi p-w)\overline{F}(Q)$$

$$=(\varphi s-w)\int_0^Q e^{\lambda\varphi(p-s)(Q-\xi)}dF(\xi)+(\varphi p-w)\overline{F}(Q)$$

（9.17）

再令：

$$H_1(Q,\lambda) = (\varphi s - w)\int_0^Q e^{\lambda\varphi(p-s)(Q-\xi)}dF(\xi) \; ; \; H_2(Q) = (\varphi p - w)\overline{F}(Q)$$

当 $\lambda = \lambda_1, Q = Q_{R_1}^*$ 时，$\phi'(Q,\lambda)$ 是非负函数，因此 $G(Q_{R1}^*,\lambda_1) = H_1(Q_{R1}^*,\lambda_1) + H_2(Q_{R1}^*) \leq 0$。

根据以下性质 3，可以知到 $\varphi s < w < \varphi p$；以及 $Q_{R1}^* > \xi$，得到 $H_1(Q,\lambda)$ 是关于 λ 的非增函数，$H_2(Q)$ 于 λ 并不相关。因此，当 $\lambda = \lambda_1$ 替换成为 $\lambda = \lambda_2$ 时，$G(Q_{R1}^*,\lambda)$ 是存在非增的特征。可得 $\varphi(Q_{R1}^*,\lambda_2) > 0$，即 $\varphi(\bullet,\lambda)$ 为凹函数，自然存在 $Q_{R2}^* < Q_{R1}^*$。

性质 1 表达了内生偏好零售商通过利用最大衰减函数来表达损失规避偏好时的最优订购量是损失规避呈负相关的关系，即最优订购量随着损失规避程度的减小而增加 Q_R^*，损失规避系数为零，零售商为风险中性时的订购量达到最大值，即存在 $Q_R^* < Q_0^*$。

因而可以知道损失规避下的零售商具有内生偏好时为了规避损失，其订购量一般都会低于风险中性零售商的订购量。该结论的基本意义和很多损失规避零售商订购决策存在类似的地方，但是对该结论的根本解释却不一样。最大衰减函数理论模型中的损失规避系数是通过模型优化最终得到的内生系数，内生系数能够更加贴近行为金融对行为人的假设。另外，内生偏好损失规避系数在数值上所表达的意义与其他损失规避模型也存在不同，其他损失规避模型认为只有损失规避系数等于 1 时决策者为风险中性，而内生偏好损失规避系数是在趋于零时表示决策者为风险中性。因此，最大衰减函数理论模型具有的内生变量填补了损失规避系数介于 0 到 1 之间的空白，在数值上能更广泛地表达出零售商的订购量是随着损失规避程度的增加而不断降低。

然而，在损失规避程度较高，订购量的下降时通常会使供应商的收益受到影响，进一步影响到供应链整体绩效。在这种情况下，供应商一般都会主动与零售商建立机制来激励其增加订购量，在本章中供应商通过与零售商建立收益共享契约来促使供应链达到协调状态。

根据供应链协调机理，当零售商能够达到的最优订购量与集中系统条件下供应链的最优订购量相等时就能实现供应链协调，也就是说当供应商与零售商之间建立收益共享契约 (w, φ) 后，能够实现 $Q_R^* = Q_T^*$ ，供应链就达到协调。

性质2: 零售商为损失规避时的最优订购量 Q_R^* 与收益共享系数 φ 呈正相关，与批发价格 w 负相关，即 Q_R^* 随着 φ 的增加而增加，随着 w 的增加而减小，即 $\dfrac{dQ_R^*}{d\varphi} > 0$ ， $\dfrac{dQ_R^*}{dw} < 0$ 。

证明: 当零售商已达到最优订货量 Q_R^* 时，供应商的收益就为:

$$\pi_S = \begin{cases} (1-\varphi)[px + s(Q_R^* - x)] + wQ_R^* - cQ_R^* & x \leq Q_R^* \\ (1-\varphi)pQ_R^* + wQ_R^* - cQ_R^* & x > Q_R^* \end{cases} \quad (9.18)$$

期望收益为:

$$E(\pi_S) = \int_0^{Q_R^*} \left\{ (1-\varphi)(p-s)x + [(1-\varphi)s + w - c]Q_R^* \right\} f(x)dx$$

$$+ \int_{Q_R^*}^{\infty} [(1-\varphi)p + w - c]Q_R^* f(x)dx$$

$$= (1-\varphi)(s-p)Q_R^* F(Q_R^*) + [(1-\varphi)p + w - c]Q_R^*$$

$$+ \int_0^{Q_R^*} (1-\varphi)(p-s)xf(x)dx \quad (9.19)$$

$$\frac{dE(\pi_S)}{dw} = \frac{dQ_R^*}{dw}(1-\varphi)[sF(Q_R^*) + p\overline{F}(Q_R^*) + w - c] + Q_R^* \quad (9.20)$$

由于供应商的最优批发价格能够满足于 $\dfrac{dE(\pi_S)}{dw} = 0$ ，而由式9.20可以得到式中 $(1-\varphi)[sF(Q_R^*) + p\overline{F}(Q_R^*) + w - c] > 0$ ， $Q_R^* > 0$ ，因此，由 $\dfrac{dE(\pi_S)}{dw} = 0$ 可以得到 $\dfrac{dQ_R^*}{dw}$ 必须小于0，即 $\dfrac{dQ_R^*}{dw} < 0$ 。

由期望收益对变量 φ 求导，可得:

$$\frac{dE(\quad)}{d\varphi} = (p-s)\int F(x)dx - pQ_R^* + (1 - \quad)[sF(Q_R^*) + p\overline{F}(Q_R^*) + w - c]\frac{dQ}{\quad}$$

$$(9.21)$$

同理可得到 $\dfrac{dQ_R^*}{d\varphi} > 0$ 。

在一定程度上批发价格可认为是供应商和零售商在对每单位产品上的收益进行分配。因此，对于制定较高的批发价格来说，供应商可以得到较高比例的收益分配；反之，对于制定较低的批发价格来说，则零售商得到较高比例的收益分配。但是在较高的批发价格，面对较小比例收益分配的零售商就会通过降低其订货量来规避损失，因此供应商一般都可以通过降低其批发价格来促使激励零售商增加订购量，以便能够达到供应链绩效最大化。同时可以看到在收益共享契约中，还存在另外一个参数同样可以表示收益分配比例，即 φ。在这里 φ、$(1-\varphi)$ 分别表示零售商占销售总收益的比例以及供应商占销售总收益的比例。综上分析可以得到，收益共享契约中的收益共享参数和批发价格参数对零售商订购量的作用刚好相反。因此，供应商通常会提升零售商分配销售收益的比例或者降低批发价格来激励零售商增加其最优订货量。

性质 3：在 $[\varphi s,\varphi c]$ 区间中，存在唯一的批发价格 w 能够实现供应链协调。

证明：

当 $Q_R^* = Q_T^*$ 时，供应链能够实现协调，且 Q_R^* 满足于 $\dfrac{dI_R}{dQ}=0$。因此，在供应链达到协调状态时，Q_T^* 也能够使 $\dfrac{dI_R}{dQ}=0$，即：

$$\lambda(\varphi s-w)e^{-\lambda(\varphi s-w)Q_T^*}\int_0^{Q_T^*} e^{-\lambda\varphi(p-s)x}f(x)dx+\lambda(\varphi p-w)e^{-\lambda(\varphi p-w)Q_T^*}\overline{F}(Q_T^*)$$

$$=(\varphi c-w)\lambda e^{-\lambda(\varphi p-w)Q_T^*}+\lambda^2\varphi(p-s)(\varphi s-w)e^{-\lambda(\varphi s-w)Q_T^*}\int_0^{Q_T^*} e^{-\lambda\varphi(p-s)x}F(s)dx$$

$$=0 \tag{9.22}$$

当 $w=\varphi s$ 时，$\dfrac{dI_R}{dQ}=(\varphi c-w)\lambda e^{-\lambda(\varphi p-w)Q_T^*}>0 \tag{9.23}$

当 $w=\varphi c$ 时，

$$\frac{dI_R}{dQ}=\lambda^2\varphi(p-s)(\varphi s-w)e^{-\lambda(\varphi s-w)Q_T^*}\int_0^{Q_T^*} e^{-\lambda\varphi(p-s)x}F(s)dx<0 \tag{9.24}$$

由于 $\varphi s<\varphi c$，因此当 $\varphi s<w<\varphi c$ 时，就存在最优批发价格 w^* 满足于式 9.22。即在 $[\varphi s,\varphi c]$ 区间中存在唯一的 w^* 能够实现供应链协调。

性质 4：在 $[\dfrac{w}{p},\dfrac{w}{s}]$ 区间中，存在唯一的收益共享系数 φ 能够实现供应链协调。

证明：

当 $Q_R^* = Q_T^*$ 时，供应链能够实现协调，可得 $\dfrac{dI_R}{dQ}(Q_T^*) = 0$。因此存在 φ 能使 $\dfrac{dI_R}{dQ}(Q_T^*) = 0$，即：

$$\lambda(\varphi s - w)e^{-\lambda(\varphi s - w)Q_T^*}\int_0^{Q_T^*} e^{-\lambda\varphi(p-s)x}f(x)dx + \lambda(\varphi p - w)e^{-\lambda(\varphi p - w)Q}\overline{F}(Q_T^*) = 0$$

（9.25）

设：

$$B(\varphi) = \lambda(\varphi s - w)e^{-\lambda(\varphi s - w)Q_T^*}\int_0^{Q_T^*} e^{-\lambda\varphi(p-s)x}f(x)dx + \lambda(\varphi p - w)e^{-\lambda(\varphi p - w)Q}\overline{F}(Q_T^*)$$

（9.26）

同样可得：

$$B(\frac{w}{s}) = \lambda(\frac{pw}{s} - w)e^{-\lambda(\frac{pw}{s} - w)Q}\overline{F}(Q_T^*) > 0$$

（9.27）

$$B(\frac{w}{p}) = \lambda(\frac{sw}{p} - w)e^{-\lambda(\frac{sw}{p} - w)Q_T^*}\int_0^{Q_T^*} e^{-\lambda\frac{w}{p}(p-s)x}f(x)dx < 0$$

（9.28）

因此，在 $[\dfrac{w}{p}, \dfrac{w}{s}]$ 区间中也存在唯一的 φ 能够满足于 $\dfrac{dI_R}{dQ}(Q_T^*) = 0$，即能够实现供应链协调。

综合上述各定量分析可以得到，供应商通过与利用最大衰减函数模型的损失规避零售商建立收益共享契约使供应链整体利益达到最大化，在收益共享契约中通过制定高于风险中性零售商的收益分配系数，或者低于风险中性时零售商的批发价格系数来激励零售商提高其订购量，促使整体供应链达到协调。该结论同样也说明了通过将零售商内生偏好进行定量化分析得到的订购决策与其他损失规避型零售商类似，但却存在着完全不一样的具体解释。更为重要的是填补了内生偏好决策者参与的供应链协调研究应用中的空白，对供应链协调理论研究以及实践应用具有很重要的理论意义。

9.3 数值分析

9.3.1 参数设置

现以数值分析来对上述模型进行检验并能从中获得更多的相关管理启示。本节主要对损失规避程度 λ、收益共享系数 φ 以及批发价格 w 的变化及相关变化带来的影响进行分析，为内生偏好损失规避下供应链协调提供相关参考。

具体参数设置如下：$\lambda = 2$，$s = 1.5$，$c = 2$，$w = 3.2$，$p = 5$，$\varphi = 0.7$，市场随机需求服从 $[0,125]$ 的均匀分布。

9.3.2 敏感性分析

1. 收益共享契约相关参数对最优订货量的影响分析

首先将设置的各具体参数都代入到收益共享契约 (w, φ) 下零售商最优订货量函数之中，可以得到具体计算结果。从表 9.1 可看出，零售商最优订货量 Q_R^* 与批发价格 w 呈负相关关系，即随着批发价格的增加而减少。其主要原因是因为当零售商的成本和零售价格固定不变时，供应商制定越高的批发价格就会导致零售商越低的边际利润。零售商最优订货量 Q_R^* 与收益共享系数 φ 呈正相关关系，即随着收益共享系数的增加而增加。其中主要原因是因为当零售商的成本和零售价格固定不变时，供应商制定越高的收益共享系数就会相应增加零售商的边际利润。收益共享契约对零售商最优订货量的影响如图 9.1 所示。从相关数值分析中，同样可以得到收益共享契约中的契约参数对零售商的作用是完全相反的。

表 9.1　收益共享契约 (w, φ) 下契约参数对零售商最优订购量的影响

w	φ	Q_R^*
2.0	0.76	1.36
2.2	0.75	1.30
2.4	0.74	1.25

（续表）

w	φ	Q_R^*
2.6	0.73	1.19
2.8	0.72	1.13
3.0	0.71	1.04
3.2	0.70	0.91
3.3	0.69	0.77

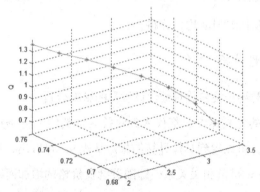

图 9.1 收益共享契约 (w, φ) 对零售商最优订购量的影响

2. 零售商损失规避对其最优订货量的影响分析

将上述具体参数代入前文模型中的最优订购量函数中，可以得到损失规避型零售商的最优订货量。在损失规避程度 λ 不同的情况下，零售商最优订货量也随之发生改变，如表 9.2 所示，损失规避程度发生变化对最优订货量的影响如图 9.2 所示。从图 9.2 可以看出，损失规避零售商的最优订货量是随着损失规避程度 λ 提高而减少的。

表 9.2 损失规避程度 λ 对零售商最优订购量的影响

λ	1.0	1.2	1.4	1.6	1.8	2.0	2.1	2.2
Q_R^*	1.54	1.34	1.19	1.08	0.99	0.91	0.87	0.84

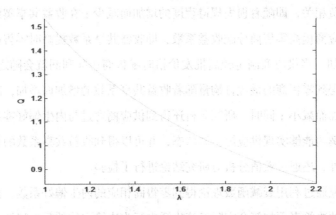

图 9.2　损失规避程度 λ 对零售商最优订购量的影响

3. 收益共享契约能实现供应链协调

将各具体参数代入集中决策控制系统供应链的期望收益函数之中，可以得到集中决策控制系统下最优订购量 $Q_T^* = 107.14$；在分散决策控制系统中，当损失规避零售商的最优订购量 Q_R^* 与 $= Q_T^*$ 时，即可实现供应链协调。因而，将以上各具体参数值且存在当 $w = 1.05$ 时代入分散决策控制系统零售商期望效用函数之中，同样可以得到 Q_R^* 与 $= 107.14$，即供应链实现了协调状态，并且 Q_R^* 与随着 w 的增加而减少。因此，在区间 $[\varphi s,\ \varphi c]$ 即 $[1.05,\ 1.4]$ 区间中存在唯一的 w 能够实现供应链协调状态，供应链整体绩效最优。

9.4　本章小结

通过对单个供应商与单个内生偏好零售商构成的两级供应链进行研究，我们发现该内生偏好零售商在出现损失时具有以指数衰减最快扭亏并类似于损失规避的相关特征，供应商通过与内生偏好零售商建立收益共享契约来实现供应链协调的问题。研究发现，在零售商具有内生偏好特征的条件下，更能解释与风险中性零售商出现的不同情形，内生偏好特征更加贴近于行为金融学对人性的假设。本章的研究结果显示：零售商具有内生偏好特征时，其损失规避系数趋于零时则等价于风险中性零售商，并且内生偏好零售商的最优订购量与损失规避程度呈负相关，即随着损失规避程度的增加而减少；在收益共享契约的条件下，当供应商提高零售商分配收益系数，即收益共享系数提高时零售商边际利润随之增加；当供应商制定较高批发价格时零售商边际利润就会随之降低。因此，可以得到零售商的最优订购量随着收益共享系数的增加而增加，随着批发价格的增加而减小；同时，研究分析还得到供应商通过与内生偏好零售商建立收益共享契约能够实现供应链协调状态，并可以得到收益共享系数的相应取值范围。另外，还通过数值分析对研究结论进行了检验。

以上研究通过利用衰减函数理论得到零售商相应的内生偏好系数，具有内生偏好特征的决策者更加符合实际经济生活中行为决策主体的行为特征，同时，也正是由于内生偏好系数，利用衰减函数理论的决策者与利用效用函数的决策者存在很多不一致的决策行为。在决策行为过程中，内生偏好零售商虽然在很多地方也类似于损失规避型零售商，但是内生偏好并不同于直觉判断而是随着行为主体的自身特征以及决策环境的变化而不断发生变化，对这一问题的继续研究分析以及探讨当供应商也同时具有内生偏好特征将使供应链协调能够更加丰富供应链管理理论，并在实际经济活动中能够提供更加有力的理论指导。

| 第 10 章 |

供应商的选择与评价指标体系

供应商的评价是供应链管理的首要职能,也是供应链合作关系运行的基础,选择供应商是双方开展合作关系的关键一步。在供应链环境中,选择供应商或合作伙伴,不再是获得质优价廉的供应来源那么简单,供应商的业绩对制造商的影响越来越大,在交货、产品质量、提前期、库存水平、产品设计等方面都影响着制造商的成功与否。因此,为了实现低成本、高质量、柔性生产、快速反应的目标,企业就必须做好供应商合作伙伴的评价工作。选择供应商成为与一个企业的长期业绩和发展前景密切相关的重要决策项目,必须建立一套合理、完善的供应商评价指标体系,有效地指导供应商的选择和管理工作。本章从制造企业的实际出发,以供应商分类管理为基础,探讨供应商评价所应该考虑的相关因素,建立了较为全面且具有代表性的供应商评价指标体系,并对各个指标的含义和评价标准做出了详细的解释。

10.1 供应商选择与评价

10.1.1 选择与评价供应商的标准

供应链强调拥有互补性能力或资源的企业之间的合作,以期获得竞争优势和提高效率，这种选择实际是合作伙伴的选择。因而要构建一种风险最低的合理的供应商结构，并谋求长期稳定的合作关系，使供应链中企业与供应商之间的交易是"双赢"。具体来说本书认为供应链管理环境中供应商的选择应遵循以下几个标准：

1.可与供应商建立一种能不断促进其降低成本、提高产品供应质量的契约关系。

2.可与供应商建立一种实现物流一体化的高效共享数据的高度信赖关系。

3.可与供应商建立一种彼此业务是在物流流程的高度一体化基础上同步开展的，达成长期共识的关系。

4.与供应商的关系应该是高标准的信任与合作关系，是合作的、团队型的企业。

10.1.2 供应商选择与评价步骤

选择供应商的过程一般分为以下四个步骤：

1.确定备选供应商。在企业需要选择供应商时，应首先确定可能供货的供应商，或者在一定范围内进行公开招标，以确定备选供应商的范围。随着信息时代和全球化市场的到来，搜集备选供应商信息的手段比以往更加丰富，例如可以通过访问供应商网站、查询供应商信息档案和参加贸易博览会等途径获取供应商的相关信息。

2.建立评价指标体系。对供应商选择评价的依据是供应商评价指标体系，企业需要建立科学有效的供应商子系统的评价指标体系。

3.供应商评价。在广泛搜集了备选供应商的信息和建立评价体系之后，接下来就是根据已经建立的评价指标体系独立评价一个供应商，根据体系的要求来确定的供应商的实际水平。

4.最终选择供应商。该步骤是供应商选择的最后一个步骤，即对备选供应商根据已经建立的评价体系进行评价之后，最终选定合格供应商。

10.2 供应商选择与评价的指标体系设计

10.2.1 供应商选择与评价指标体系的原则

为使所选取的指标能够全面、客观、真实地反映供应商的状况，在选择供应商评价指标的时候应遵循以下原则：

1. 针对性原则

评价指标体系的针对性有两方面的含义。一是指标体系的设立要针对具体的行业，不同行业供应商评价的侧重点不同，供应商评价指标体系也各有特征。二是指标体系的设立要针对具体的采购物资，若采购物资种类多、差别大，应设立不同的指标体系，分别进行评价。

2. 独立性原则

独立性指各个指标之间不应有强相关性，不应出现过多的信息包容和涵盖，使指标内涵重叠。

3. 可操作原则

该原则是考虑各指标相关数据收集的可行性。设立的指标要便于衡量，最好能够量化，若选择实践中无法准确收集或衡量的指标，会导致评价结果带有很大的主观随意性。

4. 实用性原则

指标体系既要全面地反映供应商的实际情况，又要规模适中，大小适宜。指标体系过大、层次过多、指标过细会因所需要采集的数据过多导致成本上升和操作过程的复杂程度加大，而指标体系过小、指标过于抽象又不能科学反映供应商的实际水平。

5. 系统全面性的原则

系统性是指建立的指标体系要具有整体性，且各指标间应具备有序性，构成一个完整的指标体系，并且能将各个评价指标与系统的总体目标有机地联系起来，组成一个层次分明的整体。全面性是指供应商选择指标体系应能全面、准确地反映供应商的各个方面的情况，所建立的指标体系不但能够反映供应商企业的历史业绩和现况，而且还能够体现供应商的合作能力和未来发展潜力，能够全面地考察供应商。

6.逐级递进原则

一般来说，指标体系是由多个层次构成的，越往上指标越综合，越往下指标越具体。层次性主要反映了指标的纵向结构特征，这样能够使得指标体系结构清晰，逻辑关系分明。

10.2.2 供应商选择与评价的指标体系

1.财务能力

反映供应商财务状况的指标很多，但应重点考虑的是供应商是否有足够的资金来开展生产，并且从长期合作的角度来看，还要评价供应商是否有足够的盈利能力和经营安全度，因此可选择总资产周转率、总资产收益率和资产负债率作为评价指标。

（1）资产负债率

资产负债率体现的是供应商偿还债务的能力，反映了供应商的经营安全程度和可持续发展的能力，这对于长期合作显然是一个非常重要的指标。

$$资产负债率＝（负债总额／资产总额）\times 100\% \qquad (10.1)$$

（2）流动比率

流动比率是全部流动资产与流动负债的比值，其计算公式如下：

$$流动比率＝（流动资产／流动负债） \qquad (10.2)$$

流动比率假设全部流动资产都可以用于偿还短期债务,流动比率是相对数,排除企业规模不同的影响，更适合同业比较及本企业不同历史时期的比较。

（3）销售增长率

销售增长率反映了一个企业的增长潜力，其计算公式如下：

$$销售增长率＝（本期销售收入－上期销售收入）／上期销售收入\times 100\%$$
$$(10.3)$$

（4）权益净利率

权益净利率是净利润与股东权益的比率，反映 1 元股东资本赚取的净收益，可以衡量企业的总体盈利能力。改进的财务分析体系的权益净利率的公式如下：

$$权益净利率 =（经营利润 / 股东权益）-（净负债 / 股东权益） \tag{10.4}$$
$$=净经营资产利润率+（净经营资产利润率-净利息率）× 净财务杠杆$$

2. 物流效率

（1）产品总成本比率

产品总成本比率反映了产品成本占总成本的比值，其公式计算如下：

$$产品总成本比率=（产品成本 / 总成本）×100\% \tag{10.5}$$

该比率反映了产品成本占总成本的比重，产品成本是为了获得目的产品所失去或放弃的资源。包括为生产产品需要耗费原材料、磨损固定资产以及现金支付工资等。可以从对成本的分析体现供应商企业的产品成本管理能力。

（2）准时交货率

准时交货率主要从时间角度来考察供应商的交货能力，一定时期内准时交货次数为 M_{TOD}，总交货次数为 M_{TD}，则在该时段内该供应商的准时交货率为：

$$PS_{OTD} = \frac{M_{TOD}}{M_{TD}} \times 100\% \tag{10.6}$$

准时交货率越高，制造商需要保留的安全库存就越低。

（3）顾客提前期和转载效率

顾客提前期越短，供应链对顾客需求的响应能力越强，需要的存货也越少，以该提前期为评价基准，测评小于该提前期的送货次数占总送货次数的百分比。

设时段 T 内核心企业向某供应商订购的产品 A 共计 N 次，其中第 $j\left(1 \leq j \leq N\right)$ 次的提前期为 OLT_j，核心企业为订货提前期设定的评价基准为 B_{LOT}，则该时段内的有效订货提前期百分比为：

$$P_{OLT} = \frac{Num\left(OLT_j > B_{OLT}\right)}{N} \times 100\% \tag{10.7}$$

转载效率是反映货物联运过程中货物转载的效率与效果，转载效率越高，说明企业的物流效率越高。

（4）质量合格率

质量合格率是指一定时期内合格产品的数量占采购产品总数量的百分比。这一指标能反映产品的质量状况，对于产品需求方至关重要，供应商的质量合格率越低，说明供应商提供的产品质量越不稳定或者越差。只有在供应链的上游保证供应高质量的产品，才能保证最终产品的质量。

设一定时期内产品需求方向某供应商采购产品 d 共计 n 次，第 i（1<i<n）次的采购量为 g，其中合格产品的数量为 q，若用 R 表示产品的合格率，则该段时间内，此供应商供应产品的合格率为：

$$R = \frac{\sum\limits_{i=1}^{n} q_i}{\sum\limits_{i=1}^{n} Q_i} \times 100\% \tag{10.8}$$

（5）配送效果及质量

配送是指在经济合理区域范围内，根据用户的要求，对物品进行拣选、加工、包装、分割等作业，并按时送达指定地点。从资源配置的角度，配送是以现代送货形式实现资源配置的经济活动；从实施形态角度，配送是按用户订货要求，在物流结点进行货物配备，并以最合理方式交给用户的过程。配送效果的好坏直接反映了供应商的物流效率及能力，配送质量直接影响货物的质量，对企业的生产有较大影响。

3. 企业能力

（1）产品质量保障能力

质量受企业生产经营管理活动中多种因素的影响，是企业各项工作的综合反映。因此衡量一个企业的质量水平并不能只看产品质量，还必须衡量它有没有保证获得稳定的高质量产品的能力。质量保障能力需要有一套完整的质量管理体系、手段和方法，全面质量管理（TQM）、质量过程控制等都是比较成熟的质量管理方法，国际标准化组织主倡的 ISO 系列认证则是公认的有效的质量保证。

评价一个企业的质量管理水平是一个复杂的过程，需要包括质量工程师、生产工程师、采购人员等在内的评价队伍。以下是一种较为简单化的考核方法，见表 10.1：

表 10.1 质量管理水平考核表

等级	得分	等级描述
优	0.9	通过了 ISO 认证，具有完善的 TQM 管理体系和质管文件，责任明确，奖惩得当，质管工作取得显著成果。
良	0.7	具有完善的 TQM 管理体系和详细的质管文件，大部分员工对 TQM 有清楚的认识，责任明确，质管工作取得明显的效果。
中	0.5	具有较清晰的质量管理方法，责任较为明确，有一定的 TQM 意识。
差	0.3	质量管理混乱，缺乏质管意识及质管文件，责任不清。

（2）产品改进能力

产品合格率评价是对供应商"过去"的质量生产状况的评价，产品质量保障能力则偏重于管理现状，而质量改善计划则是对供应商未来的质量水平做出的一个预测。作为长期的合作伙伴，供应商未来的发展状况显得更为重要。评价方法如表 10.2：

表 10.2 产品改进能力评价表

等级	得分	定性描述
优	0.9	有三年以上的质量改善计划和详细的推进方案，并取得初步成效。
良	0.7	有一年以上的质量改善计划，并有详细的推进方案。
中	0.5	有质量改进计划，但没有推进方案。
差	0.3	没有明确的质量改进计划。

（3）降低成本计划及能力

作为长期的合作伙伴，核心企业有义务来敦促供应商不断地进行改善，供应商的降低成本计划也是提高供应链竞争力的措施之一。供应商降低成本计划评价如表 10.3：

表 10.3 供应商降低成本计划评价表

等级	得分	定性描述
优	0.9	有 3 年以上的降成本措施和详细的推进方案，并已取得初步成效。
良	0.7	有 1 年以上的降成本措施和详细的推进方案。
中	0.5	有可行的降低成本措施，但无详细的推进方案。
差	0.3	没有可行的降低成本措施。

（4）响应时间

企业的成功越来越取决于其对客户订单的响应能力，企业之间的竞争逐渐从过去的基于品种、价格、质量竞争转为基于时间竞争模式。尤其是在定制生产模式下，客户需求对响应时间十分敏感。

（5）电子数据交换技术（Electronic data interchange, EDI）的应用

电子数据交换已成为企业系统集成的重要组成部分和关键环节。它将贸易、运输、保险、银行和海关等行业的信息，用一种国际公认的标准格式，通过计算机通信网络，使各有关部门、公司与企业之间进行数据交换与处理，并完成以贸易为中心的全部业务过程。EDI 已经应用到物流行业中，提供了外网与内网，甚至不同企业之间的多个区域集中管理并且比较灵活的传输配置解决方案。通过在文件传输、同步数据库、远程过程调用和消息传递等在供应链企业中的应用，提高了企业的能力。

（6）标准的通用性和编码的统一性

物流标准化是现代物流发展的需要。物流标准化能规范物流市场和企业，提高物流效率，降低物流成本，促进国内与国际物流市场接轨，推动物流向现代化方向发展。编码的统一性有利于提高物流效率，体现一个企业的物流系统能力。

（7）自动识别及数据捕捉技术的使用

自动识别泛指用机器代替人工识别人或物的技术。自动识别技术的崛起为计算机提供了更为准确和快速的数据采集输入手段，解决了错误率高、速度慢、操作不够简便等瓶颈问题，现代物流技术中广泛采用的是条形码技术。

条形码是由一组排列的条、空以及其对应字符组成的标记，用于表示一定信息。自动识别技术及条形码的应用满足了现代物流信息系统需要高速准确地对物流信息进行采集的需要。自动识别技术让物流精细化管理成为了可能，供应商企业是否采用了该技术能充分反映供应商的企业的物流能力及数据采集的准确性，简化了与供应商的物流与信息的联系，提高了物流效率，降低了成本。

（8）决策系统和对供应链伙伴的支持情况

决策系统包括从信息产生、收集、暂存、加工、运输、中间加工处理、直到最终处理的过程，供应链的中心企业要从供应链总体的利益出发，均衡考虑整个供应链，决策系统要对供应链上合作伙伴进行支持，取得供应链伙伴的认同与合作，提高整个供应链企业的协调能力，从而从单个企业的竞争真正实现供应链的竞争。

4. 合作程度

（1）组织相容性

企业文化是组织内部特有的价值观和价值取向，它包括的价值观念和行为准则，很大程度上决定了其成员的行为和处事方式。企业文化是一种无形的约束，只有相近的文化才能良好沟通合作，如果文化差别比较大，将有碍双方的理解。企业文化对组织相容性具有决定性的影响，评价方法如表 10.4：

表 10.4　组织兼容性评价表

等级	得分	定性描述
优	0.9	双方企业文化相似，组织结构相似，管理协作十分紧密。
良	0.7	双方企业文化基本一致，组织结构存在差异，管理协作相对紧密。
中	0.5	供应商与企业的文化差异较大，但冲突很少，合作可能性较大，能够接受。
差	0.3	迥异的企业文化，很难相互接受，冲突不断。

（2）战略目标的兼容性

战略观念的兼容性是指选择主体企业与所备选供应商之间的战略观念的兼容性。每个企业都有其各自不同的战略观念，互补的战略观念有利于合作，相近似的战略观念不会导致冲突，而相悖的战略观念则很不利于合作。如果战略目标发生冲突，供应商与核心企业所采取的行动就会不一致，意见分歧、相互摩擦将不可避免，甚至不断升级，走向决裂。因此，该指标是一个正指标。评价如表 10.5：

表 10.5　战略目标的兼容性评价表

等级	得分	定性描述
优	0.9	供应商有详细的战略目标规划，并与核心企业的战略目标一致。
良	0.7	供应商和核心企业的战略目标基本一致，互相认可对方。
中	0.5	供应商与核心企业的战略目标差很远，但通过协商可以解决，对合作影响不大。
差	0.3	供应商没有具体的发展战略，或发展目标差异很大，不可调和。

（3）售后服务

供应商应主动征询顾客意见，主动走访企业，主动解决或预防问题发生，及时安排技术人员对发生的问题进行处理。售后服务评价取值情况如表 10.6：

表 10.6　售后服务评价取值表

等级	得分	定性描述
优	0.9	供应商主动征询顾客意见，主动走访企业，主动解决或预防问题发生，及时安排技术人员对发生的问题进行处理。
良	0.7	供应商有时主动征询顾客意见，走访企业，解决或预防问题发生，安排技术人员对发生的问题进行处理比较及时。
中	0.5	供应商能够接受顾客意见，很少走访企业，很少解决或预防问题发生，安排技术人员对发生的问题进行处理不太及时。
差	0.3	供应商不能接受顾客意见，没有走访企业，不能解决或预防问题发生，安排技术人员对发生的问题进行处理不及时。

（4）参与开发项目程度

供应商应主动参与企业要求配合的各种相关的开发项目，通过参与企业的产品或业务的开发过程，可以更好地了解企业的需求，为企业提供更适合的产品。评价参与开发程度的情况如表 10.7：

表 10.7　参与开发项目程度评价表

等级	得分	定性描述
优	0.9	供应商主动参与企业要求配合的各种相关的开发项目，完全了解企业的需求。
良	0.7	供应商应企业要求参与各种相关的开发项目，比较了解企业的需求。
中	0.5	供应商很少参与企业要求配合的各种相关的开发项目，很少了解企业的需求。
差	0.3	供应商不能参与企业要求配合的各种相关的开发项目，不了解企业的需求。

10.3　本章小结

本章所提出的供应商评价指标体系是在参考国内外大量的研究成果的基础上，并结合国内一些较早实施供应链管理的企业的生产管理实践所建立起来的。

与以往的供应商评价指标体系相比，本指标体系有以下的特点：

1.注重对供应商的合作能力评价。在以往的供应商评价指标体系中往往没有提及或很少考虑对供应商合作能力的评价。在供应链环境下，供应商与核心企业是一种长期的密切的合作关系，供应商的合作能力与合作兼容性对于提高核心企业乃至整条供应链的绩效和竞争力都是非常重要的。因此，在本指标体系中引入了有关供应商合作能力和兼容性的评价指标。

2.指标体系全面综合，符合供应链管理长期发展和合作的特点。不仅包括供应商质量、成本、生产能力以及交货能力和市场响应能力，还对其合作的稳定性进行了评价，克服了传统供应商评价的片面性，而且企业选择供应商时可根据实际做出调整。详细介绍了每项指标如何获得，具有很强的可操作性。

3.本指标体系兼顾了指标的实用性和科学性，尽量采取易于定量化的指标。对于一些很难定量化的评价指标也采取定性和定量相结合的办法，明确了评价的标准，以减少主观随意性的影响，增强了本指标体系的可操作性。

| 第 11 章 |

供应商的选择与评价方法

供应商选择方法的研究大致经历了三个发展阶段：定性方法、定量方法、定性与定量相结合的方法。早期的供应商选择方法采用定性方法，它主要是根据以往的经验和与供应商的关系进行主观判断。由于单一的定性的方法缺少科学依据而较少被后来的采购管理者所采纳。自 1915 年美国的电气工程师 Harris 首先提出经济批量（Economic Order Quantity，EOQ）模型后，Wilson 提出了同样的公式分析了企业库存控制方面各种可能的应用，由此而演变为各种扩展的模型。此后供应商选择评价理论与方法的研究转向定量分析并与定性相结合的方法。

11.1 作业成本法

11.1.1 作业成本法的产生

作业成本法（Activity-Based Cost，ABC）是由库珀（Robin Cooper）和卡普兰（Robert S . Kaplan）在借鉴前人研究成果的基础上并总结自己多年研究成果后于 1988 年首次提出的。作业成本法是在以下因素的影响下提出的：(1) 直接成本在产品成本中的比例大幅下降，而间接费用在产品成本中的比例大幅上升；（2）形成间接费用的成本动因多样化；（3）上述两个因素使按单一成本动因分配间接费用的传统成本法极大扭曲了成本信息，扭曲的成本信息必将引起决策的失误，从而使损失增大；（4）随着计算机技术、网络技术和信息技术的发展，实施 ABC 的成本大大减少，使 ABC 的实施成为可能。正是基于上述原因，ABC 在 20 世纪 80 年代中后期被提出后，在理论界和实务界引起极大反响。

11.1.2　作业成本法在供应商选择中的应用

传统的供应商选择和评价如成本比率法是基于票面成本最小，而忽视了其他重要（间接）的由供应商引发的成本，如延迟交付、生产中断、质量低劣等增加的成本。对于基于票面最小来选择供应商的改进，提出了基于货币成本最小来选择。这种方法要求把质量、交付和服务成本通过一定途径转化为票面成本，但是显然把供应上的一切方面都转化为票面成本是很困难的，况且随着时间的发展，期间费用越来越重要。用作业成本法评价供应商的主要思想是通过作业成本法计算由供应商引起的总成本，然后根据各个供应商的总成本对其进行评价。因此，对于供应商总成本的定义将影响评价模型并最终影响评价结果。库珀和卡普兰在他们的著作中提出了所有权成本这个概念，用所有权总成本来表示由供应商引起的总成本，并介绍了所有权总成本的组成。菲利浦等人在 1996 年应用作业成本法对供应商进行选择和评价。其基本思想是：供应商所供应产品的任何因素的变化都会引起采购企业总成本的变动，价格过高、质量达不到要求、供应不及时等都会增加采购企业的成本。菲利浦等提出的供应商总成本的定义是：供应商总成本是由供应商的所有缺陷引起的客户企业的额外总成本。其数学模型如下：

$$S_i = (p_i - p_{\min}) \times q + \sum_j c_j \times D_{ij} \tag{11.1}$$

S_i：第 i 个供应商所引起的总成本；

p_i：第 i 个供应商的的单位销售价格；

$p_{\min}$：价格最低的供应商的单位销售价格；

q：购买的数量；

c_j：表示由供应商缺陷引起的额外作业的作业成本动因率；

D_{ij}：表示由供应商缺陷引起的额外作业的成本动因数量。

用上式计算供应商总成本的步骤如下：

1. 初步选定要参加评价的供应商，确定购买数量和各供应商提供的净销售价格。

2. 确定客户企业针对各供应商的基本作业，并计算其成本动因率、成本动因数量。

3. 用上式计算供应商总成本，成本最低者为最优供应商。该成本模型主要用于企业因为采购活动而产生的直接和间接成本的大小。企业将选择 S_i 最小的供应商为合作伙伴。可以看出，供应商的价格因素是 S_i 的第一项，其他因素，如质量、及时交付和服务等包含在第二项中。

11.1.3 作业成本法应用于供应商选择中的特点

该方法的优点：首先对于采购企业来说，可以定量化由供应商引起的内部生产问题，因而能客观评价传统的非财务指标，提供了一种通过比较绝对成本数值求解多目标优化问题的途径；可以找到不同成本部件的相对重要性，使企业能够针对不同的成本动因实施不同的成本改良策略，从而提高成本改善效率；使供应商减少或消除某些活动，来影响成本动因的估计数量；为供应商提供了顾客满意度以及采购过程中不同准则的相对重要性的客观指标，通过评价顾客反馈迫使供应商回顾策略，有利于改善采购商与供应商之间的关系，由于双方动机的一致性，有利于建立跨组织的成本管理系统。

其缺点是只着重于供应商对采购商自身成本的影响，没有对供应商企业作出系统全面的评价。况且，企业自身需要建立广泛的管理会计系统来捕获供应商活动和采购项目的相关成本。

11.2 层次分析法

11.2.1 层次分析法的产生

20 世纪 70 年代初美国运筹学家赛惕（T. L . Satty）教授提出层次分析法（Analytic Hierarchy Process，AHP），它是一种定性与定量分析相结合的多目标决策分析方法。该方法将决策人对复杂系统的评价决策思维过程数学化，从而降低了决策中的主观臆断造成的不精确性。它的基本原理是根据具有递阶结构的目标、子目标（准则）、约束条件、部门等来评价方案，采用两两比较的方法确定判断矩阵，然后把判断矩阵的最大特征值相对应的特征向量的分量作为相应的系数，最后综合给出各方案的权重（优先程度）。这种方法充分发挥人的主观能动性，在不确定的环境下，依据人的经验、直觉和洞察力作出判断，把一些定性的因素以定量的形式表示出来。该方法可以考虑许多无法直接量化的因素，尤其是一些对未来合作发展有长远意义的因素。因而，AHP 法被广泛应用于质量控制系统、优先级评价、企业发展规划的选择方面，它适用于长期供应商的评价、选择。

11.2.2 层次分析法用于供应商选择的步骤

1. 建立层次结构模型

利用 AHP 法将供应商的评价模型分为：最高层 C 表示供应商评价选择的目的，中间层 C_i 表示采用某种方案来实现目标所涉及的原则，即供应商评价指标体系，最低层 C_{ij} 表示解决问题所选用的各种方案即多个待评供应商。

2. 构造两两判断矩阵

由于在该供应商的选择评价模型中，有许多指标的数据难以通过统计方法获得，因而采用 Delphi 法或 1—9 标度法来构造两两比较判断矩阵。常用的判断尺度有九分判断尺度，如表 11.1 所示：

表 11.1 1—9 标度

标度	含义
1	表示两个元素相比，具有相同重要性
3	表示两个元素相比，前者比后者稍重要
5	表示两个元素相比，前者比后者明显重要
7	表示两个元素相比，前者比后者强烈重要
9	表示两个元素相比，前者比后者极端重要
2，4，6，8	表示上述判断的中间值
倒数	若元素 i 与元素 j 的重要性之比为 a_{ij}，那么元素 j 与元素 i 重要性之比为 $aij = 1/a_{ij}$

判断矩阵如下所示：

$$
\begin{array}{c|ccccc}
C & C_1 & \cdots & C_j & \cdots & C_n \\
\hline
C_1 & C_{11} & \cdots & C_{1j} & \cdots & C_{1n} \\
\vdots & \vdots & & \vdots & & \vdots \\
C_i & C_{i1} & \cdots & C_{ij} & \cdots & C_{in} \\
\vdots & \vdots & & \vdots & & \vdots \\
C_n & C_{ni} & \cdots & C_{nj} & \cdots & C_{nn}
\end{array}
$$

C_{ij} 表示 C_i 层因素 i 与 j 因素两两比较对于 C 层目标重要性程度的标度值，n 表示判断矩阵阶数。

3. 计算权重

可采用平均值法、方根法或特征根法等。

4. 一致性检验

计算一致性指标 CI：

$$CI = \frac{\lambda_{\max} - n}{n-1} \qquad (11.2)$$

其中 $\lambda_{\max}$ 为判断矩阵的最大特征值。

计算一致性率：

$$CR = \frac{CI}{RI} \qquad （11.3）$$

其中 RI 是自由度指标，根据表 11.2 查出相应的 RI 值。

表 11.2　自由度指标 RI 值

维数（n）	1	2	3	4	5	6	7	8
RI	0.00	0.00	0.52	0.89	1.12	1.26	1.36	1.41

当 CR<0.1 时，认为判断矩阵的一致性可以接受，否则应调整矩阵中的元素，直到具有满意的一致性为止。

5．通过上述步骤已经算出准则层 C_i 对目标层 C 的相对权重

$$W^{(1)} = \left(W_1^{(1)} \right) \qquad （11.4）$$

在计算了各层判断矩阵有关要素的权重以后，即可从最上层开始，自上而下地求出方案层关于最上层要素目标层的总重要度（综合权重）。通过综合重要度计算，对所有的备选方案进行优先排序，按排序结果挑选出符合条件的供应商。

11.2.3　层次分析法的特点

由于该方法让评价者对照相对重要性函数表，给出各因素两两比较的重要性等级，因而可靠性高、误差小。同时，它要求决策人对决策问题的本质、所包含的系统要素以及相互之间的逻辑关系必须十分清楚。其不足之处是判断矩阵是由评价者或专家给定的，一致性必然要受到有关人员的知识结构、判断水平及个人偏好等许多主观因素的影响；遇到因素众多、规模较大的问题时，判断矩阵难以满足一致性要求，往往难以进一步对其分组；判断矩阵有时难以保持判断的传递性。因而，完全按照层次分析法进行供应商战略合作伙伴的选择并不是很适用。

11.3 模糊综合评价方法

11.3.1 模糊综合评价法

在供应商选择与评价指标体系中，有一些指标，像开发人员的素质、人员团队精神、全面质量管理情况等很难用一个准确的数字来进行评价，借助于模糊数学可以很好地解决这一问题。模糊综合分析法具有层次分析法简明的优点，同时又比较好地解决了定性评价指标难以量化的困境，是一种非常适用的供应商选择与评价方法。

11.3.2 模糊综合评价法在供应商评价中的应用步骤

模糊综合评价主要涉及 4 个要素：因素集 U，评语集 V，单因素评价矩阵 R，权重向量 W。供应商模糊综合评价模型建立步骤如下：

1. 建立供应商评价指标集 C

用改进的 Delphi 法，通过收集信息和专家咨询，确定供应商评价指标集合 C，对 C 作划分 C_i，把 C 划分成几个子集 C_1，C_2，$\cdots C_i$，满足：

$$\overset{n}{\underset{1}{Y}} C = C_i, C_i \cap C_j \neq \varnothing, i \neq j \qquad (11.5)$$

则可得到第二层因素集合 $C_i = （C_1，C_2，\cdots C_i）$，针对供应商评价问题按上述方法建立指标体系，其中，某些元素可以有多级指标。

2. 确定指标权重 W

针对供应商评价指标体系，采用层次分析法构造比较判断权重矩阵，即：

$$W = （W_1，W_2，\cdots W_i），\sum_{i=1}^{n} w_i = 1 \qquad (11.6)$$

$$W_i = （W_1，W_{12}，\cdots W_{ij}），\sum_{j=1}^{m} w_{ij} = 1 \qquad (11.7)$$

其中 $i = 1，2，\cdots，n$；$j = 1，2，\cdots，m$，W_{ij} 表示二级指标 C_{ij} 在一级指

标 C 的权重，m 表示二级指标 C_{ij} 的个数。

3．建立评语集 V 及分值集 F

评语集 V 可按实际问题确定，假设针对供应商评价问题建立 k 级评语集，即 V＝（V_1，V_2，……V_k），给出相应的分值集。

4．对 C_i 进行二级模糊综合评价

对 C_i 的每一个因素进行单因素评价可得到模糊评价矩阵 R_i：

$$Ri = \begin{bmatrix} r_{i11}, r_{i12}, \cdots, r_{i1t} \\ r_{i21}, r_{i22}, \cdots, r_{i2t} \\ \vdots \\ r_{im1}, r_{im2}, \cdots, r_{imt} \end{bmatrix}$$

其中 k 表示评语集的级数，r_{ijt} 表示 C_i 属于第 t 级评语 V_t 的隶属度。对 C_i 进行综合评判，则可得到：

$$C_{it} = W_i \cdot R_i = (c_{il}, c_{i2}, \cdots, c_{it}) \tag{11.8}$$

C_{it} 采用 M($\cdot \oplus$)算子求得，即用主因素突出型算法或用加权平均型算法（按普通矩阵乘法）。其中主因素突出型算法即：

$$C_{it} = \bigvee_{i=1}^{k} (w_{ij} \wedge r_{ijt}) \tag{11.9}$$

其中 i＝1，2，$\cdots$，k，$\wedge$ 表示两元素中取最小值，$\vee$ 表示两元素中取最大值。将 C_i 作归一化处理得 C_i。同理对 $C = C_1$，C_2，$\cdots C_i$ 几个元素都做综合评判后，得到总的评判矩阵 C：

$$C = (C_1, C_2, \cdots, C_n)^T \tag{11.10}$$

5．对 C 进行模糊综合评价

设 C 一级模糊综合评判结果为 Z：

$$Z = W \cdot C = W \cdot C = (C_1, C_2, \cdots, C_n)^T = (Z_1, Z_2, \cdots Z_m) \tag{11.11}$$

Z_i（i＝1，2，$\cdots$，m）采用 M（$\cdot \oplus$）算子求得，进而可求得该供应商的综合得分 C：

$$C = ZF^T \tag{11.12}$$

6. 择优

根据以上步骤可以求得各供应商的 C 值，按该值从大到小排队，则可以得到所有评优对象的优劣次序。

11.3.3 模糊综合评价法的特点

模糊评价法选择供应商的方法具有一定的优点，它充分考虑到现实世界中亦此亦彼的中介过渡现象，便于把定性指标转化为定量指标，弥补了其他方法这方面的不足。但是供应商的选择本来是一个动态过程，模糊评价法没有考虑到待评供应商的指标值变动的可能性，也没有考虑到样本选取的科学性，只是在待选供应商已经确定、评价指标已经给定的情况下的一种评价方法。

11.4 其他方法

11.4.1 直观判断法

直观判断法是根据征询和调查所得的资料并结合人的分析判断，对合作伙伴进行分析、评价的一种方法。这种方法主要是倾听和采纳有经验的采购人员意见，或者直接由采购人员凭经验做出判断。这种方法比较直观，简单易行。但是，主观性太强，选择的结果不太具有科学性，不适合选择企业的战略供应商，可以用于选择企业一般和次要原材料的供应商。

11.4.2 招标法

当订购数量大、供应商竞争激烈时，可采用招标法来选择适当的供应商。这种方法是由企业提出招标条件，各招标供应商进行竞标，然后由企业决标，与提出最有利条件的供应商签订合同或协议。招标法可以是公开招标，也可以是指定竞标，然后竞级招标。公开招标对投标者的资格不予限制；指定竞标则由企业预先选择若干个可能的供应商，再进行竞标和决标。招标方法竞争性强，企业能在更广泛的范围内选择适当的供应商，以获得对供应条件有利的、便宜而适用的物资。但招标法手续较繁杂，时间长，不能适应紧急订购的需要；订购机动性差，有时订购者对投标者了解不够，双方未能充分协商，造成货不对路或不能按时到货，不适用于选择战略供应商。

11.4.3 协商选择法

在供货方较多，企业难以抉择时，也可以采用协商选择的方法，即由企业先选出供应条件较为有利的几个合作伙伴，同他们分别进行协商，再确定适当的合作伙伴。与招标法相比，协商方法由于供需双方能充分协商，在物资质量、交货日期和售后服务等方面较有保证。当采购时间紧迫，投标单位少，订购物资规格和技术条件复杂时，协商选择法比招标法更为合适。

11.4.4 线性权重法

线性权重法是一种广泛应用于解决单资源问题的方法。它的基本原理是给每个准则分配一个权重，权重越大表明其越重要。供应商的积分为该供应商各项准则的得分与其权重乘积之和，积分最高者为最佳供应商。例如 Gregory 和 Timmerman 用一种分类法（Categorical Method）来评价供应商，给供应商的每个准则简单地判断为"满意（＋）"、"可以（0）"、"不满意（－）"，然后计算供应商的总积分。这种方法人为判断因素过大且不同的准则权重相同，所以很多引用此方法的人都会加以改变、补充，能做到更实用、更好地结合企业的供应商选择。

11.4.5 采购成本比较法

对质量和交货期都能满足要求的供应商，则需要通过计算采购成本来进行比较分析。采购成本一般包括售价、采购费用、运输费用等各项支出的总和。采购成本比较法是通过计算分析针对各个不同供应商的采购成本，选择采购成本较低的供应商的一种方法。这种方法单纯从采购成本的角度来进行选择，有很大的局限性，往往与企业的战略目标相违背。

11.4.6 数据包络分析法

由于具体问题的复杂性,解析的方法难以解决许多优化决策问题。人们尝试采用各种非解析方法来解决供应商选择过程中存在的问题,智能方法是近年来逐渐发展起来的一种很有潜力解决供应商选择问题一种方法。Khoo 等人提出用智能软件代理的方法选择供应商;Cook 提出了案例分析系统(Case-Based Reasoning)来制定采购决策,通过积累的大量信息来训练系统的能力,从而选择出合理的供应商;Albino 提出了一个基于神经网络(Neural Networks)的决策支持系统;Vokerka 等人开发了一个专家系统来选择供应商;Weber 提出数据包络分析法(Data Envelopment Analysis,DEA)来评价已经选择的供应商,它是在相对效率评价概念的基础上建立起来的一种系统分析方法,在进行供应商选择时,需要把确定的选择准则转化为输入变量和输出变量,然后建立数据包络分析模型,计算各候选供应商的相对效率从而选择合适的供应商。之后进一步研究了用 DEA 规划相结合的方法来协调选择供应商。

11.5 本章小结

在本章中,对目前供应商选择的多种方法进行分析,总结其应用于战略供应商选择中存在的优点和缺点,并针对其不足之处作以阐明。建立了基于层次分析法和模糊综合评价法进行供应商的选择与评价模型。供应商的评价方法有很多,各种方法都有各自的优缺点和适应条件。企业在评价供应商时应根据供应商的类型和特点选择合适的方法。

第12章

供应商合作与开发及异质偏好决策研究

供应链合作关系是制造商与供应商在一定的时期内实现的利益共分配、信息共分享、风险共分担的协议关系。合作伙伴的选择是供应链构建最关键的步骤，通过选择最佳的合作伙伴可以构建有效增强整体竞争能力的供应链。实际上也是考察供应链上游的协调决策。制造商通过与上游供应商建立起合作关系，则会使整个供应链的竞争能力增强使得供应链绩效增加。马士华等（2003）研究证明建立战略型合作伙伴关系是供应链战略管理的重点，也是供应链管理的核心。供应链的合作关系主要是由以下三个方面的驱动因素使之形成：首先，通过增强各伙伴之间的信息共享来使之交流效率得到提升；其次，通过降低各企业之间的库存水平来使整体供应链的总成本降低；最后通过供应链伙伴之间的相互协调达到整体战略一致性并最终产生持久的、更大的竞争优势。通过建立这种合作关系，使供应链各节点企业的财务状况、产品质量及产量、交货期、整体业绩和用户满意度都得到改善和提高。戴尔公司、惠普公司及 IBM 等国际著名公司在供应链合作实践中取得的巨大成就，使人们坚信供应链合作是企业控制风险的一个有效途径，因而成为了业界和学术界关注的焦点。

供应商、生产商、经销商和最终用户所构成完整的供应链，其中供应商是供应链中的主要组成部分，现代企业越来越依赖供应商为其提供增值部件，很多时候企业最终产品的价值超过 50%—60% 都来自供应商[183]。随着供应链管理思想的兴起，供应商和生产商关系发生了明显的变化，已成为企业关系进行战略分析的一个核心问题[184]。研究者发现，生产商和供应商关系正在经历着一个根本性的范式转移，从过去的交易导向转向目前的关系导向。因此，越来越多的企业采取供应商开发（Supplier Development）的方式来解决供应商和生产商关系问题，以提高其核心竞争能力。有关研究显示，供应商开发已成为供应商关系的新趋势[185]。

供应商开发最初被 Leender 界定为生产企业增加供应商数量并提高供应商绩效的方法[186]。后来众多学者对其进行了相关拓展，Krause 等人将供应商开发明确定义为：生产企业为提高供应商核心竞争能力以满足生产企业自身短期和长期供给需求所做出的所有努力[187]。从企业关系视角的角度来看，供应商开发这种企业间的特殊关系能够使得供应商和生产商可能联合投资、信息交换、重组稀缺资源，这样能使供应链得到更加有效的治理结构[188]。生产企业与供应商共享信息，用来实现技术交换；供应商参与到生产企业的新产品设计过程中，保证联合投资和稀缺资源重组；根据供应商提供部件的准时性以及保证部件的质量性，生产企业的奖惩，使得供应链管理更为有效。因此，Talluri 认为供应商开发是提升绩效的企业关系投资[189]。

然而，企业实际运作过程中存在大量诸如需求不确定、信息不对称以及供应不稳定等随机因素，这些因素的存在导致供应商开发中蕴藏着巨大的风险性。Hendricks 和 Singhal 的实证研究结果表明风险对整个供应链和公司资产有着明显影响这一事实。正是因为供应链风险对企业将会产生越来越大的影响，供应链企业管理者对待风险的态度也随之有了很大的改变，他们不再像以前只关注企业的绩效，而同时更加注重企业获得利润的可能性以及可能面临的风险，正如 Paulsson 所描述，运用风险管理的工具去处理那些由物流或相关活动引起的或受其影响的供应链中的风险和不确定性。2010 年 Talluri 等人尝试把供应商开发看成一种投资，假设理性购买商在供应商开发上采用合作的方式，采用类似 Markowitz 投资组合的方法来降低风险，提升企业绩效。从供应商选择与开发的角度降低风险，提升绩效，为供应链防范中断风险提出了一个新的视角。

但是,现代金融学研究表明,在风险条件下,应该考虑投资者的异质行为偏好[190]。Curcuru 等通过研究投资者的财富状况、收入状况、房产等原始禀赋来研究这些原始禀赋如何影响投资者的先验信念,进而影响到投资组合选择[191]。因此,本章将借鉴 Talluri 把组合理论应用于供应商开发,构建异质偏好供应商开发控制风险优化决策策略模型。

12.1　供应商开发组合理论分析

12.1.1　单厂商对多供应商开发模型描述

美国经济学家 Markowitz 1952 年首次提出投资组合理论,1990 年他因此获得了诺贝尔经济学奖[192]。投资组合就是投资到一揽子有价证券的比重,人们进行投资就是为了未来获得现金流,这是个不确定性的收益,投资实际上就是在不确定性的风险和收益中进行抉择。在投资组合理论中也就是通过利用均值—方差来刻画整个投资的这两个关键因素。所谓均值,就是指对投资组合的期望收益率的无偏估计,也就是对每单只证券的期望收益率进行加权平均,其权重为相应证券的投资比例。股票的收益包括资本增值和分红派息两部分。投资者就是利用方差来刻画投资组合收益的风险,而方差就是指投资组合收益率的方差。然而,在证券投资决策中投资者应该怎样选择收益和风险的组合呢?这正是投资组合理论研究的中心问题。投资组合理论研究假设所有投资者为理性投资者,所谓理性投资者,是指他们在给定期望风险水平下选择最大期望收益,或者在给定期望收益水平下选择最小风险。

对于供应商合作与开发,大量文献研究都证明了供应商合作与开发能够有效提升企业绩效[193-194],随着 "911" 恐怖事件、"非典" 事件以及蔓延全球的金融危机,在不确定环境下,突发事件对企业与供应链管理存在着巨大的影响,这样不仅给供应链上下游的各个企业以及整个供应链都会带来损害和损失,同样供应商合作与开发也存在很大的风险。因此,Talluri 等人把供应商开发看成是一种投资，有收益同样存在风险，那么怎样进行控制风险优化决策成为供应商开发面临的一个问题。Talluri 等人采用组合决策来解决供应商开发控制风险的问题。假设供应商开发面临单购买厂商多供应商开发的情景，按照 Markowitz 投资组合模型可以建立以下模型：

$$\min Var(\sum_{j=1}^{n} x_j R_j) \tag{12.1}$$

$$S.T.: \sum_{j=1}^{n} x_j = X \tag{12.2}$$

$$\sum_{j=1}^{n} r_j x_j \geq \rho X \tag{12.3}$$

$$l_j \leq x_j \leq h_j \forall j = 1,...,n \tag{12.4}$$

其中 n 表示购买商面临 n 个供应商，x_j 表示购买厂商投资到 j 个供应商的数量，l_j 表示 j 个供应商所需要的最低数量，X 表示购买厂商投资的总预算，R_j 表示第 j 个供应商因供应商开发投资产生的回报率，r_j 表示第 j 个供应商期望回报率，p 表示购买厂商投资的期望回报率。根据 Hossain 等（2002）得成果，协方差 σ_{ij} 可以根据如下公式估计：

$$\sigma_{ij} = \frac{1}{T} \sum_{t=1}^{T} (r_{it} - r_i)(r_{jt} - r_j) \tag{12.5}$$

因此目标函数（12.1）可以为

$$
\begin{aligned}
Var(\sum_{j=1}^{n} x_j R_j) &= \sum_{i=1}^{n} \sum_{j=1}^{n} x_i x_j \sigma_{ij} \\
&\cong \sum_{i=1}^{n} \sum_{j=1}^{n} x_i x_j \left(\frac{1}{T} \sum_{t=1}^{T} (r_{it} - r_i)(r_{jt} - r_j) \right) \\
&= \frac{1}{T} \sum_{t=1}^{T} \left(\sum_{i=1}^{n} \sum_{j=1}^{n} x_i x_j (r_{it} - r_i)(r_{jt} - r_j) \right) \\
&= \frac{1}{T} \sum_{t=1}^{T} \left(\sum_{j=1}^{n} (r_{jt} - r_j) x_j \right)^2
\end{aligned}
\tag{12.6}
$$

本书研究的数值选取 2010 年 Talluri 等人论文里的数值，假设购买商对四家供应链上游供应商企业进行供应商开发，并通过相关历史数据统计可以得到四家供应商企业的收益率值，这四家供应商企业的收益率值服从正态分布，特征值分别为 N (0.15, 0.0225)、N (0.2, 0.04)、N (0.25, 0.0625) 和 N (0.3, 0.09)，十年具体数据如表 12.1。

表 12.1 购买商 1 对 4 个样本供应企业收益率

企业	1 年	2 年	3 年	4 年	5 年	6 年
供应企业 1	0.1725	0.1248	0.1706	0.1882	0.1229	0.1482
供应企业 2	0.2098	0.2053	0.2014	0.1815	0.2151	0.2140
供应企业 3	0.1132	0.2169	0.2103	0.2438	0.2549	0.2655
供应企业 4	0.2893	0.2385	0.2131	0.1262	0.2080	0.4015
企业	7 年	8 年	9 年	10 年	平均值	标准差
供应企业 1	0.1521	0.1380	0.1301	0.1295	0.15	0.0225
供应企业 2	0.2512	0.2611	0.2126	0.2586	0.20	0.04
供应企业 3	0.2272	0.2059	0.2188	0.1846	0.25	0.0625
供应企业 4	0.3539	0.2041	0.2612	0.3659	0.30	0.09

并假设下期进行供应商开发的预算为 10 万元。2010 年 Talluri 等人论文计算了随期望收益率的变化 4 家供应商的投资额，具体数据如下图：

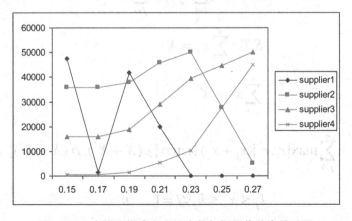

图 12.1　4 个样本供应企业投资数与期望收益率关系图

很明显，随着期望收益率增加，有加大对供应商 3 和供应商 4 投资的趋势，同样整个供应商开发投资的风险明显加大了，这符合投资理论，收益越大风险越大。因此，通过数字模拟，发现按照 Markowitz 投资组合理论建立的供应商开发组合，在单购买商多供应商开发的情景下，如果希望有较高的期望回报，就会增加高回报率的供应商的投资比重，这样同时就增大了供应商开发的风险。

12.1.2 多厂商对多供应商开发模型描述

在这一部分中，拓展了单购买厂商为两个购买厂商以及 N 个购买厂商，这样更加符合实际。当两个购买厂商以及 N 个购买厂商开发同样的供应商，他们可能选择合作或不合作。不合作的理由可能是公司能开发出独特特质，用来区分他们的竞争对手，这样企业还需要承担所有的风险与供应商开发的费用，达到相同的回报可能需要更高水平的预算。相反，通过合作投资在相同的零部件供应商，就可以为公司减少预算和共享资源，进一步降低供应组件成本规模经济。合作可能会导致更大的同质性，但公司仍有空间去创新他们的产品独特特征。例如，戴尔电脑看起来不同于惠普电脑，即使他们所购买的主板出于同一个供应商。在单购买厂商拓展为两个购买厂商以及 N 个购买厂商供应商开发模型中，我们认为，购买厂商通过合作将分散风险，可以通过以下所示的风险最小化来表示两个购买厂商对多供应商开发模型。

$$\min Var(\sum_{j=1}^{n} x_j R_j + \sum_{j=1}^{n} x_j' R_j') \tag{12.7}$$

$$S.T.: \sum_{j=1}^{n} x_j = X \tag{12.8}$$

$$\sum_{j=1}^{n} x_j' = X' \tag{12.9}$$

$$\sum_{j=1}^{n} \max[r_j, r_j'](x_j + x_j') \geq \max[\rho(X + X'), \rho'(X + X')] \tag{12.10}$$

$$l_j \leq x_j \leq h_j \, \forall j = 1, \ldots, n \tag{12.11}$$

$$l_j^{'} \leq x_j^{'} \leq h_j^{'} \, \forall j = 1, \ldots, n \qquad (12.12)$$

公式符号同上，有上标代表购买厂商 2，目标函数为 2 个购买厂商最小化总方差，表达式（12.8）和（12.9）为每个购买厂商预算约束，表达式（12.10）表示购买厂商总体期望得到满足。表达式（12.10）左侧有最大化收益，这反映了由于厂家合作实现了更高的水平收益（回报），允许两个购买厂商都有自己的整体的期望，因为这是合理的假设，假设购买厂商应该有比其他购买厂商一个更高的总体期望，因此有表达式（12.10），总供应商开发预期效益要大于其中预期收益较高的任意一个购买厂商。在我们的模型中，期望回报率是利用平均历史近似的预期收益回报率，这将目标函数转化为一个基于历史数据的方差的无偏估计。因为：

$$Var(\sum_{j=1}^{n} x_j R_j + \sum_{j=1}^{n} x_j^{'} R_j^{'}) = Var(\sum_{j=1}^{n} x_j R_j) + Var(\sum_{j=1}^{n} x_j^{'} R_j^{'}) + 2Cov(\sum_{j=1}^{n} x_j R_j \sum_{j=1}^{n} x_j^{'} R_j^{'})$$

$$Var(\sum_{j=1}^{n} x_j R_j) = \frac{1}{T} \sum_{t=1}^{T} \left(\sum_{j=1}^{n} (r_{jt} - r_j) x_j \right)^2$$

$$Var(\sum_{j=1}^{n} x_j^{'} R_j^{'}) = \frac{1}{T} \sum_{t=1}^{T} \left(\sum_{j=1}^{n} (r_{jt}^{'} - r_j^{'}) x_j^{'} \right)^2$$

$$Cov(\sum_{j=1}^{n} x_j R_j \sum_{j=1}^{n} x_j^{'} R_j^{'}) = E\left[\sum_{j=1}^{n} x_j R - E\left(\sum_{j=1}^{n} x_j R \right) \right]\left[\sum_{j=1}^{n} x_j^{'} R^{'} - E\left(\sum_{j=1}^{n} x_j^{'} R_j^{'} \right) \right]$$

$$= E\left[\sum_{j=1}^{n} x_j R_j * \sum_{j=1}^{n} x_j^{'} R_j^{'} \right] - E\left(\sum_{j=1}^{n} x_j R_j \right) * E\left(\sum_{j=1}^{n} x_j^{'} R_j^{'} \right)$$

$$= \sum_{i=1}^{n} \sum_{j=1}^{n} x_i x_j^{'} [E(R_i R_j^{'}) - r_i r_j^{'}] = \sum_{i=1}^{n} \sum_{j=1}^{n} x_i x_j^{'} \sigma_{ij}^{'}$$

$$= \sum_{i=1}^{n} \sum_{j=1}^{n} x_i x_j^{'} \left[\frac{1}{T} \sum_{t=1}^{T} (r_{it} - r_i)(r_{jt}^{'} - r_j^{'}) \right]$$

$$= \frac{1}{T} \sum_{t=1}^{T} \left[\sum_{i=1}^{n} \sum_{j=1}^{n} x_i x_j^{'} (r_{it} - r_i)(r_{jt}^{'} - r_j^{'}) \right]$$

所以目标函数（12.7）可以用下面的公式估计：

$$Var(\sum_{j=1}^{n} x_j R_j + \sum_{j=1}^{n} x_j^{'} R_j^{'})$$

$$= \frac{1}{T} \sum_{t=1}^{T} \left[\left[\sum_{j=1}^{n} (r_{jt} - r_j) x_j \right]^2 + \left[\sum_{j=1}^{n} (r_{jt}^{'} - r_j^{'}) x_j^{'} \right]^2 \right] + 2 \sum_{i=1}^{n} \sum_{j=1}^{n} x_i x_j^{'} (r_{it} - r_i)(r_{jt}^{'} - r_j^{'})$$

$$= \frac{1}{T} \sum_{t=1}^{T} \left[\sum_{j=1}^{n} (r_{jt} - r_j) x_j + \sum_{j=1}^{n} (r_{jt}^{'} - r_j^{'}) x_j^{'} \right]^2$$

$$= \frac{1}{T} \sum_{t=1}^{T} \left[\sum_{j=1}^{n} \left((r_{jt} - r_j) x_j + (r_{jt}^{'} - r_j^{'}) x_j^{'} \right) \right]^2$$

假设购买商2对4家供应企业进行供应商开发，通过历史数据统计得到4家供应企业的收益率值，这4家供应企业的收益率值服从正态分布，特征值分别为 N (0.2, 0.04)、N (0.25, 0.0625)、N (0.3, 0.09) 和 N (0.35, 0.1225)，十年具体数据如下表。

表 12.2 购买商 2 对 4 个样本供应企业收益率

企业	1 年	2 年	3 年	4 年	5 年	6 年
供应企业 1	0.2301	0.1911	0.2237	0.2163	0.1606	0.2421
供应企业 2	0.2578	0.3305	0.2412	0.2137	0.2860	0.3473
供应企业 3	0.3918	0.2606	0.3446	0.3401	0.1493	0.3325
供应企业 4	0.4882	0.3894	0.3991	0.5917	0.3724	0.3304
企业	7 年	8 年	9 年	10 年	平均值	标准差
供应企业 1	0.2283	0.1553	0.2783	0.2331	0.2	0.04
供应企业 2	0.2654	0.2584	0.2522	0.2211	0.25	0.0625
供应企业 3	0.4027	0.1415	0.2428	0.2583	0.3	0.09
供应企业 4	0.3304	0.1658	0.2380	0.3422	0.35	0.1225

图 12.2 比较两个购买商合作和非合作的情况下收益与风险之比，一条是

两个购买商合作的，另外两条是不合作的购买商，收益与风险之比表示每单位的风险的收益，越大表示绩效越好，当不合作购买商 2 的预期收益率保持恒定在 0.275 时，不合作购买商 1 的预期收益率增加时，选择合作，能够有较高的收益与风险之比；类似有当不合作购买商 1 的预期收益率保持恒定在 0.225 时，不合作购买商 2 的预期收益率增加时，选择合作，能够有较高的收益与风险之比。从图 12.2 看，两个购买商合作将导致大比例的收益与风险之比高值。

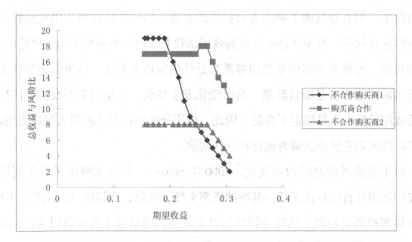

图 12.2　购买商合作与不合作收益与风险比

12.2　供应商开发异质决策分析

Talluri 等人的供应商开发组合决策同样按照 Markowitz 投资组合假设，假设投资者是理性同质决策者。行为金融学理论表明，由于决策者个体、心理影响以及外界环境干扰，决策者不总以理性的态度做出决策，他们的一些异质差异最终导致对决策的异质偏好。2002 年诺贝尔经济学奖 Kahneman 的期望理论正在被广泛地应用于描述人类的决策行为，期望理论认为，决策者对损失的规避敏感程度要大于对相同收益量的敏感程度。期望理论被证明能够更好地解释许多异象问题，更好地描述了决策者的决策行为，并在许多领域得到了应用。在应用期望理论进行决策分析时，为了简化问题并得到有意义的结论，一般假定决策者为损失规避。期望理论如果应用在供应商开发，即假设购买商具有下面形式的效用函数：

$$U(\pi) = \begin{cases} \pi & if \ \pi \geq 0 \\ \lambda\pi & if \ \pi < 0 \end{cases}$$ （12.13）

其中 λ 表示采购商的损失规避系数，反映供应商开发决策者对损失的厌恶程度，λ 越大表示损失厌恶的程度越高，并假设 $\lambda > 1$。这种效用函数由于其比较简单，但直观反映了采购者对损失的态度，因此广泛应用于供应链管理。但同样存在问题，首先这种损失规避效用函数并没有反映期望理论中敏感度递减的特征；另外采购商的损失规避系数是外生固定不变的，行为金融学认为，人的风险厌恶程度是随着环境、机会变化发生变化，不是固定不变的；同样，人的效用函数也不是固定不变的。因此，使用分段线性形式的损失规避效用函数刻画损失规避异质决策者也存在一些问题。

对于决策者偏好的内生变化，2000 年 Stutzer 一篇论文解决了这个问题。假设用期望财富收益低于某一基准的概率来衡量风险，这样既可以用半方差模型来体现投资者心理：风险是特征值以下收益的随机性；又可以以 Kahneman 的期望理论假设那样用相对值来表示决策者的损失。其理论分析如下：

假设用投资组合平均收益来无偏估计期望财富收益，假设证券组合 P 相对某参考值在某时点的超额收益率为 R_{PT}，那么 T 时期内的平均超额收益率为：

$$\overline{R_{PT}} = \frac{\sum_{t=1}^{T} R_{PT}}{T}$$ （12.14）

决策者有正收益心理预期，不妨假设投资组合有正的超额收益率，大数定理表明：当 $T \to \infty$ 时，有 Prob（$(\overline{R_{PT}} \leq 0) \to 0$）。假设 R_{it} 为一独立随机变量，如果 T 足够大时，T 时刻内投资组合的平均超额收益率小于零的概率可以近似表示为：

$$prob\left(\overline{R_p} \leq 0\right) \approx \frac{C}{\sqrt{T}} e^{-I_p T}$$ （12.15）

其中 C 根据收益分布确定的常数，I_p 为一衰减函数，Stutzer（2000）把

I_p 定义为衰减比率（decay rate）。

如果投资者如 Kahneman 的期望理论假设的那样，对损失有更大的规避敏感程度，那么当出现损失（负的超额收益率）时，投资者将最大可能地回避风险，即 $max\, I_p$，表示最快速度地衰减回到零以此规避损失风险。Bluklew（1990）通过 Crammer 定理可以推算出 I_p，并由此得到衰减函数 I_p 的算式为：

$$I_p = \max_{\theta}\left[\ -\log E\left(e^{\theta R_P}\right)\ \right] \tag{12.16}$$

其中 θ 是小于零的实数，$E(\bullet)$ 表示期望值。非正实数 θ 代表决策者的损失规避系数，它内生于衰减函数 I_p，随决策环境变化而变化。通过对衰减函数 I_p 的简单变换，可得：

$$-e^{-Ip} = \max E\left(-e^{-CR_p}\right) \tag{12.17}$$

其中 C 为正实数，这里可以看成是一厌恶系数。可以得到式（12.17）右边与常数绝对风险厌恶（CARA）效用函数是相同的。然而，尽管衰减函数和常数绝对风险厌恶（CARA）效用函数相似，但与期望效用最大化方法不一样，因为常数绝对风险厌恶（CARA）效用函数最大化决策中，厌恶系数是外生固定，而衰减函数决策中损失规避系数 θ 是内生于决策环境，这和行为金融学理论一致。

本书采用衰减函数方法来解决决策者的异质偏好，假设供应商开发决策是这样的损失规避者，按照 Talluri 等人模仿 Markowitz 投资组合模型，可以建立以下模型：

$$
\begin{aligned}
&\max I_p\\
&S.T.: \sum_{j=1}^{n} x_j = X\\
&\sum_{j=1}^{n} r_j x_j \geq \rho X\\
&l_j \leq x_j \leq h_j\, \forall j = 1,\ldots,n
\end{aligned}
\tag{12.18}
$$

其中 $I_p = \max_{\theta}\left[\ -\log E\left(e^{\theta R_P}\right)\ \right]$，$n$ 表示购买商面临 n 个供应商，x_j

177

表示购买商投资到 j 个供应商的数量，l_j 表示 j 个供应商所需要的最低数量，X 表示购买商投资的总预算，R_j 表示第 j 个供应商因供应商开发投资产生的回报率，r_j 表示第 j 个供应商期望回报率，ρ 表示购买商投资的期望回报率。这个模型的行为意义就是在进行供应商开发决策，决策者属于异质偏好，采用衰减函数那样来损失规避，在发生损失风险时，最快速度地衰减回到零以此规避损失风险。

本章研究的数值选取 2010 年 Talluri 等人论文里的数值，我们现采用衰减度这个异质决策者目标函数，来研究有损失规避的决策者，在供应商开发决策时会怎样进行投资组合，采用同样数据，运用公式（12.18）得到随期望收益率的变化 4 家供应商的投资额，结果如下表：

表 12.3　4 个样本供应采用最大衰减度得到的企业期望收益率和投资额关系

	$\rho=0.15$	$\rho=0.17$	$\rho=0.19$	$\rho=0.21$	$\rho=0.23$	$\rho=0.25$	$\rho=0.27$
供应企业 1	0.5	0.096	0.089	0	0	0.033	0.007
供应企业 2	0	0.101	0.123	0.062	0.492	0.033	0.007
供应企业 3	0	0.498	0.447	0.438	0.008	0.433	0.487
供应企业 4	0.5	0.305	0.34	0.5	0.5	0.5	0.5

用图表示如下：

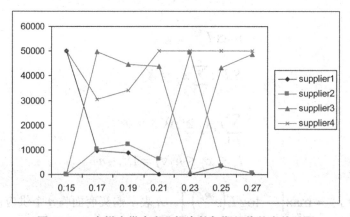

图 12.3　4 个样本供应企业投资数与期望收益率关系图

从图中没有发现随着期望收益率增加，会加大对供应商 3 和供应商 4 投资的趋势，这因为衰减度这个目标函数是最大可能的避免损失风险，体现决策者损失厌恶。和 Markowitz 投资组合理论有较大的区别，Markowitz 投资组合理论目标是收益一定时风险最小，但随着对期望收益预期增加，风险同时也在增加。

12.3 本章小结

通过前面的研究，本章得到以下几个结论：

随着购买商和供应商战略范式的变迁和转移，供应商开发成为应对和改善供应链上下游关系的新趋势和有效方式，是当前学界与业界关注的焦点。

尽管供应商开发是协调购买商—供应商关系的新型机制，但由于供应商状态会随时间发生调整，供应商开发不可能建立在完全对称信息之上，风险控制必然成为供应商开发的重要问题。此外，由于供应商及其决策者个体差异，决策者不总以理性同质的态度做出决策，信息源条件性差异最终导致决策的异质偏好，因此研究供应商开发决策时要考虑异质决策者问题。采用类似损失规避的衰减度方法由于和 Markowitz 投资组合方法目标不一样，结论也完全不同，很有必要对此进行更深入的研究，这对于推动供应商开发理论的创新并拓宽其应用领域，丰富供应链管理理论，建立弹性的供应链以增强其柔性具有较强的指导意义。

参考文献

[1] Forrester J W. Industrial Dynamics : A Major Breakthrough for Decision Makers. Harvard Business Review, 1958 : 37–65.

[2] Wang Z D, Wang X, Ouyang Y F. Bounded growth of the bullwhip effect under a class of nonlinear ordering policies. European Journal of Operational Research, 2015, 247 (1): 72–82.

[3] Jeong I J. A dynamic model for the optimization of decoupling point and production planning in a supply chain. International Journal of Production Economics, 2011, 131 (3): 561–567.

[4] Feitzinger E, Lee H L. Mass customization at Hewlett–Packard : the power of postponement. Harvard Business Review, 1997, 75 (1): 116–121.

[5] 谢如鹤, 刘霆. 保鲜链——食品链物流的后起之秀. 中国物流与采购, 2014, (6): 14–16.

[6] Wong A Y, Lai J M, Chan A W. Regulations and protection for functional food products in the United States. Journal of Functional Foods, 2015, 17 (2): 540–551.

[7] John Y, Campbell, John H, Cuehranee. By Force of Habit, A Consumption Based Explanation of Aggregate Stock Market Behavior. Journal of Political Economy, 1999, 107 (2): 205–251.

[8] Paul S K, Sarker R, Essam D. Real time disruption management for a two–stage batch production – inventory system with reliability considerations.

European Journal of Operational Research，2014，237（1）：113-128.

[9] Rau H，Wu M Y，Wee H M. Integrated inventory model for deteriorating items under a multi-echelon supply chain environment. International Journal of Production Economics，2003，86：155-168.

[10] Manna S K，Chaudhuri K S. An EOQ model with ramp type demand rate，time dependent deterioration rate，unit production cost and shortages. European Journal of Operational Research，2006，171：557-566.

[11] 侯玉梅. 简单生产—库存系统的优化控制. 系统工程理论与实践，2003，（4）：1-6.

[12] Gharbi A，Kenne J P. Production and preventive maintenance rates control for a manufacturing system：an experimental design approach. International Journal of Production Economics，2000，65：275-287.

[13] Anli O M，Caramanis M C，Paschalidis I C. Tractable supply chain production planning，modeling nonlinear lead time and quality of service constraints. Journal of Manufacturing Systems，2007，26（2）：116-134.

[14] Cormier G，Rezg N. A simulation model for evaluating joint production planning policies for molds and end items. In：International Conference on Industrial Engineering and Systems Management，2007，30 May - 2 June，Beijing，China.

[15] Cormier G，Rezg N. An integrated production planning model for molds and end items. International Journal of Production Economics，2009，121（5）：68-71.

[16] Goyal S K. An integrated inventory model for a single supplier-single customer problem. The International Journal of Production Research，1977，15：107-111.

[17] Goyal S K. A one-vendor multi-buyer integrated inventory model：a comment. European Journal of Operational Research，1995，82（3）：209-218.

[18] Hill R M. The single-vendor single-buyer integrated production-inventory model with a generalized policy. European Journal of Operational Research，

1997, 97（5）: 493-501.

[19] Goyal S K. On improving the single-vendor single-buyer integrated production-inventory model with a generalized policy. European Journal of Operational Research, 2000, 125（1）: 429-441.

[20] Zhou Y W. Optimal production and shipment models for a single-vendor-single-buyer integrated system. European Journal of Operational Research, 2007, 180（7）: 309-318.

[21] 王圣东. 单供货商多销售商联合生产库存模型. 系统工程学报, 2006, 21（1）: 92-96.

[22] 熊浩, 孙有望. 生产商—销售商联合生产库存问题的一般数学模型. 同济大学学报（自然科学版）, 2012, 40（2）: 315-319.

[23] Viswanathan S, Piplani R. Coordinating supply chain inventories through common replenishment epochs. European Journal of Operational Research, 2001, 129: 277-286.

[24] Yang P C, Wee H M, Yang H J. Global optimal policy for vendor-buyer integrated inventory system within just in time environment. Journal of Global optimization, 2007, 37（4）: 505-511.

[25] Chang H C. An analysis of production-inventory models with deteriorating items in a two-echelon supply chain. Applied Mathematical Modeling, 2014, 38（3）: 1187-1191.

[26] Mamdani E H. Applications of fuzzy algorithms for control of simple dynamic plant. Proceedings IEE, 1974, 121: 1585-1588.

[27] Takagi T, Sugeno M. Fuzzy identification of systems and its applications to modelling and control. IEEE Transactions on Systems, Man and Cybernetics, 1985, 15（1）: 116-132.

[28] Hsieh C H. Optimization of fuzzy production inventory models. Information Sciences, 2002, 146（1）: 44-57.

[29] Chen S H, Chang S M. Optimization of fuzzy production inventory model

with unrepeatable defective products. International Journal of Production Economics, 2008, 113（2）: 106-117.

［30］Lee H M, Yao J S. Economic production quantity for fuzzy demand quantity, and fuzzy production quantity. European Journal Operational Research, 2008, 109（1）: 89-101.

［31］李群霞, 张群. 考虑缺货和缺陷品的模糊生产库存模型的优化求解. 系统工程理论与实践, 2011, 31（3）: 480-487.

［32］Qin Z F, Bai M Y, Ralescu D. A fuzzy control system with application to production planning problems. Information Sciences, 2011,（181）: 1018-1027.

［33］Rakesh A R, Steinberg R. Dynamic Pricing and ordering decisions by a monopolist. Management Science, 1992, 38（2）: 240-262.

［34］石兵兵, 杨志林. 季节性易变质产品的连续生产库存模型. 合肥工业大学学位论文, 2013.

［35］Sana S, Goyal S K, Chaudhuri K S. A Production-inventory model for a deteriorating item with trended demand and shortages. European Journal of Operational Research, 2004, 157（3）: 357-371.

［36］Y Ghiami, T Williams. A two-echelon production-inventory model for deteriorating items with multiple buyers. International Journal of Production Economics, 2015, 159（1）: 233-240.

［37］Ghare P M, Schrader S F. A model for an exponentially decaying inventory. Journal of Industrial Engineering, 1963, 14: 238-243.

［38］Li R, Lan H, Mawhinney J R. A review on deteriorating inventory study. Journal of Service Science and Management, 2010, 3（1）: 117-129.

［39］Sarkar B. A production-inventory model with probabilistic deterioration in two-echelon supply chain management. Applied Mathematical Modeling, 2013, 37（5）: 3138-3151.

［40］Mandal N K, Roy T K, Malti M. Inventory model of deteriorated items with a constraint: A geometric Programming approach. European Journal of

Operational Research, 2006, 173 : 199–210.

[41] Taylor T A. Coordination under channel rebates with sales effort effect. Management Science, 2000, 48 (8): 992–1007.

[42] 曹宗宏, 周永务. 价格和库存量影响需求的供应链量折扣定价模型. 系统工程学报, 2008, 23 (1): 67–73.

[43] Liao H C, Tsai C H, Su C T. An inventory model with deteriorating items under inflation when a delay in payment is permissible. International Journal of Production Economics, 2000, 63 (4): 207–214.

[44] Chang C T. An EOQ model with deteriorating items under inflation when supplier credits linked to order quantity [J]. International Journal of Production Economics, 2004, 88 (1): 307–316.

[45] Chung K J, Lin C N. Optimal inventory replenishment models for deteriorating items taking account of time discounting. Computers & Operations Research, 2001, 28 (5): 67–83.

[46] Chung K J, Liao J J. The optimal ordering policy in a DCF analysis for deteriorating items when trade credit depends on the order quantity. Interactional Journal of Production Economics, 2006, 100 (4): 116–130.

[47] Hsieh T P, Dye C Y. A production - inventory model incorporating the effect of preservation technology investment when demand is fluctuating with time. Journal of Computational and Applied Mathematics, 2013, 239 (11): 25–36.

[48] Jong J F, Wee H M. A near optimal solution for integrated production inventory supplier–buyer deteriorating model considering JIT delivery batch. International Journal of Computer Integrated Manufacturing, 2008, 21 (3): 289–300.

[49] Hsu P H, Wee H M, Teng H M. Preservation technology investment for deteriorating inventory. International Journal of Production Economics, 2010, 124 (12): 388–394.

[50] Yang H L, Teng J T, Chern M S. An inventory model under inflation

for deteriorating items with stock-dependent consumption rate and partial backlogging shortages. International Journal of Production Economics, 2010, 123（1）: 8-19.

[51] Wang K J, Lin Y S, Yu J C P. Optimizing inventory policy for products with time-sensitive deteriorating. International Journal of Production Economics, 2011, 130（3）: 66-76.

[52] Sarkar B, Sarkar S. Variable deterioration and demand-An inventory model. Economic Modeling, 2013, 31（6）: 548-556.

[53] Wee H M, Wang W T. A variable production scheduling policy for deteriorating items with time-varying demand. Computers & Operations Research, 1999, 26（5）: 237-254.

[54] Kllanra S, Chaudhuri K S. A note on an order-level inventory model for a deteriorating item with time-dependent quadratic demand. Computers & Operations Research, 2003, 30（8）: 1901-1916.

[55] Teng J T, Chang C T. Economic Production quantity models for deteriorating items with price-and-stock-dependent demand. Computers & Operations Research, 2005, 32（11）: 297-308.

[56] 赵宇婷, 杨毅恒. 企业生产库存管理中的数学模型. 管理科学学报, 2012,（3）: 164-168.

[57] Dye C Y, Chang H J, Teng J T. A deteriorating inventory model with time-varying demand and shortage-dependent partial backlogging. European Journal of Operational Research, 2006, 172（7）: 417-429.

[58] Wang S P. An inventory replenishment policy for deteriorating items with shortages and partial backlogging. Computers & Operations Research, 2002, 29（6）: 2043-2051.

[59] Zhou Y W. A multi-warehouse inventory model for items with time-varying demand and shortages. Computers & Operations Research, 2003, 30（7）: 2115-2134.

[60] Maihami R, Kamalabadi I N. Joint pricing and inventory control for

non-instantaneous deteriorating items with partial backlogging and time and price dependent demand. International Journal of Production Economics, 2012, 136 (9): 116-122.

［61］孙新宇，孙林岩，汪应洛，吴保军. 产生不同供应链模式的经济解释. 预测，2005，24（1）：59-63.

［62］许锐，冯春，张怡. 精敏混合供应链解耦策略研究综述. 软科学，2011，5（4）：129-134.

［63］张宝洲. 基于客户订单分离点的物流服务模式研究. 物流技术，2006，（5）：18-20.

［64］徐宜国，李向阳，王军. 客户订单解耦点定位中的冲突消解研究. 中国管理科学，2006，14（5）：478-481.

［65］Kundu S, McKay A, Pennington A. Selection of decoupling points in supply chains using a knowledge-based approach. Proceedings of the Institution of Mechanical Engineering Part B: Journal of Engineering Manu- facture, 2008, 222(6): 1529-1549.

［66］Van Donk D P. Make to stock or make to order : the decoupling point in the food processing industries. International Journal of Production Economics, 2001, 69 (3): 297-306.

［67］Yanez F C, Frayret J M, Leger F, et al. Agent-based simulation and analysis of demand-driven production strategies in the timber industry. International Journal of Production Research, 2009, 47 (8): 6295-6319.

［68］Choi K, Narasimhan R, Kim S W. Postponement strategy for international transfer of products in a global supply chain : A system dynamics examination. Journal of Operations Management, 2012, 30 (6): 167-179.

［69］Olhager J. The role of the customer order decoupling point in production and supply chain management. Computers in Industry, 2010, 61 (9): 863-868.

［70］Olhager J, Prajogo D. The impact of manufacturing and supply chain improvement initiatives : A survey comparing make-to-order and make-to-stock firms. Omega, 2012, 40 (7): 159–165.

[71] Kramarz M, Kramarz W. The flexibility and specialization of resources-competitive strategies of materials decoupling points of a network supply chain of metallurgic products. Procedia–Social and Behavioral Sciences, 2014, 111 (9): 741–750.

[72] Pahl J, Voß S. Integrating deterioration and lifetime constraints in production and supply chain planning : A survey. European Journal of Operational Research, 2014, 238 (3): 654–674.

[73] Purvis L, Gosling J, Naim M M. The development of a lean, agile and leagile supply network taxonomy based on differing types of flexibility. International Journal of production economics, 2014, 151 (2): 100–111.

[74] Olhager J. Strategic positioning of the order penetration point. International Journal of Production Economics, 2003, 85 (3): 319–329.

[75] Gupta D, Benjaafar S. Make–to–order, make–to–stock, or delay product differentiation? A common framework for modeling and analysis. IIE Transactions, 2004, 36 (12): 529–546.

[76] Soman C A, Van Donk D P, Gaalman G. Combined make–to–order and make–to–stock in a food production system. International Journal of Production Economics, 2004, 90 (3): 223–235.

[77] Jammernegg W, Reiner G. Performance improvement of supply chain processes by coordinated inventory and capacity management. International Journal of Production Economics, 2007, 108 (5): 183–190.

[78] Sun X Y, Ji P, Sun L Y, et al. Positioning multiple decoupling points in a supply network. International Journal of Production Economics, 2008, 113 (4): 943–956.

[79] 张以彬, 陈俊芳. 创新产品供应链中解耦点的战略定位及其优化. 上海交通大学学报, 2008, 42 (11): 1832–1835.

[80] 王凤, 林杰. 大规模定制下多 CODP 的定位模型及算法. 计算机工

程与应用，2009，45（13）：4-8.

［81］E M Jewkes，A S Alfa. A queueing model of delayed product differentiation. European Journal of Operational Research，2009，199（21）：734-743.

［82］Teimoury E，Modarres M，Khondabi I G，et al. A queuing approach for making decisions about order penetration point in multiechelon supply chains. The International Journal of Advanced Manufacturing Technology，2012，63（14）：359-371.

［83］Zhou W H，Zhang R Q，Zhou Y W. A queuing model on supply chain with the form postponement strategy. Computers & Industrial Engineering，2013，66（9）：643-652.

［84］Guillaume R，Grabot B，Thierry C. Management of the risk of backorders in a mto - ato/mts context under imperfect requirements. Applied Mathematical Modelling，2013，37（16）：8060-8078.

［85］Qin Y，Geng Y. Production Cost Optimization Model Based on CODP in Mass Customization. International Journal of Computer Science Issues，2013，10（1）：610-618.

［86］Jukka Hallikasa，Iris Karvonenb，Urho Pulkkinenb，et a. l Risk management processes in supplier Networks. Int Journal Production Economics，2004，90：47-58.

［87］韩东东，施国洪，马汉武. 供应链管理中的风险防范. 工业工程，2002，（3）：37-41.

［88］刘露，施先亮. 跨国供应链中存在的风险及其控制. 沿海企业与科技，2005，（8）：28-30.

［89］赵晶，郑称德. 基于第三方管理机制的"准事制"供应链. 经济管理新管理，2003，（12）：52-55.

［90］马士华，林勇. 供应链管理. 北京：高等教育出版社，2003.

［91］张涛，孙林岩. 供应链不确定性管理：技术与策略. 北京：清华大

学出版社，2005.

［92］Tang C S. Perspectives in Supply Chain Risk Management. International Journal of Production Economics，2006，103（2）：451-488.

［93］李晓英，陈维政. 供应链风险形成机理研究. 中国流通经济，2003，（9）：10-13.

［94］卢雅琪，赵林度. 供应链体系中 VMI 服务定价风险及其传导. 东南大学学报，2007，（7）：426-429.

［95］陈剑辉，徐丽群. 弹性系数在供应链风险传导研究中的应用. 安徽农业科学，2007，35（1）：313-314.

［96］Prater E，Biehi M，Smith M A. International Supply Chain Agility-Tradeoffs between Flexibility and Uncertainty. International Journal of Operations and Production Management，2001，21（5/6）：823-839.

［97］Trkman P，Mc Cormack K. Supply chain risk in turbulent environments：conceptual model for managing supply chain network risk. International Journal of Production Economics，2009，119：247-258.

［98］Fisher M L. What is the Right Supply Chain for Your Product?. Harvard Business Review，1997，75（2）：105-116.

［99］Small A W，Downey A E. Orchestrating Multiple Changes：A Framework for Managing Concurrent Changes of Varied Type and Scope. Proceedings of the Iemc 1996 Conference On Managing Virtual Enterprise，Vancouver，Canada，1996：627-634.

［100］Tsay A，Nahmias S，Agrawal N. Modeling Supply Chain Contracts，Quantitative Models for Supply Chain Management. Dordrecht：Kluwer Publisher，1998.

［101］Lariviere M. Supply Chain Contracting and Coordination with Stochastic Demand，Quantitative Models for Supply Chain Management. Dordrecht：Kluwer Publisher，1998.

［102］Cachon G. Supply Chain Coordination with Contracts——Handbooks in

Operations Research and Management Science. Amsterdam : Elsevier, 2003.

［103］Tang C S. Perspectives in Supply Chain Risk Management. International Journal of Production Economics, 2006, 103 (2): 451–488.

［104］Vidal C, Goetschalckx M. Modeling the Effects of Uncertainties on Global Logistics Systems. Journal of Business Logistics, 2000, 21 (1): 95–120.

［105］Tsiakis P, Shan N, Pantelides C. Design of Multi-echelon Supply Chain Networks under Demand uncertainty. Industrial Engineering Chemical Research, 2001, 40 (16): 3585–3604.

［106］Arns M, Fischer M, Kemper P, et al. Supply Chain Modeling and Its Analytical Evaluation. Journal of the Operation Research Society, 2002, 53 (8): 885–894.

［107］Min H, Zhou G. Supply Chain Modeling : Past Present and Future. Computers and Industrial Engineering, 2002, 43 (1/2): 231–249.

［108］Blackhurst H, WU T, O'GRADY P. Network-based Approach to Modeling Uncertainty in A Supply Chain. International Journal of Production Research, 2004, 42 (8): 1639–1658.

［109］Pasternack B A. Using revenue sharing to achieve channel coordination for a newsboy type inventory model. California State University working paper, Fullerton, CA, 1999.

［110］Wang Y, Jiang I, Shen Z J. Channel Performance under Consignment Contract with Revenue Sharing. Management Science, 2004, 50 (1): 34–47.

［111］Cachon G P, Lariviere M A. Supply Chain Coordination with Revenue-Sharing Contracts:Strengths and Limitations. Management Science, 2005, 51 (1): 30–44.

［112］Gerchak Y, Wang Y Z. Revenue-sharing vs wholesale-price contracts in assembly systems with random demand. Production and Operations Management, 2004, 13 (1): 23–33.

［113］Shauhan S S, Proth J M. Analysis of a supply chain partnership with revenue sharing. International Journal of Production Economics, 2005, 97 (1): 44–51.

[114] 肖迪, 潘可文. 基于收益共享契约的供应链质量控制与协调机制. 中国管理科学, 2012, 20 (4): 67–73.

[115] Veen J A A, Venugopal V. Using revenue sharing to create win–win in the video rental Supply chain. Journal of the Operational Research Society, 2005, 56 (3): 757–762.

[116] 邱若臻, 黄小原. 闭环供应链收入共享契约协调的随机期望值模型. 中国管理科学. 2006, 14 (4): 30–34.

[117] Ilaria G, Pierpaolo P. Supply chain coordination by revenue sharing contracts. production Economies, 2004, 89 (2): 131–139.

[118] 戢守峰, 刘铭嘉, 丁伟. 基于三级供应链的收益共享契约协调研究. 东北大学学报 (自然科学版), 2008, 29 (11): 1652–1656.

[119] 刘秋生, 胡晓玥, 侯云章. 基于收益共享契约的突发事件下四级供应链协调研究. 科技管理研究. 2013, 12 (51): 228–233.

[120] Lee H L, Padmanabhan P, Whang S. The bullwhip effect in supply chains. Sloan Management Review, 1997, 3 (38): 93–102.

[121] Eppen C, Iyer A. Backup agreements in fashion buying the value of upstream flexibility. Management Science, 1997, 43 (11): 1469–1484.

[122] Lariviere M A. Supply chain contracting and coordination with stochastic demand, quantitative models for supply chain management. Boston: Kluwer Academic Publishers, 1999: 233–268.

[123] Tsay A A. The quantity flexibility contract and supplier customer incentives. Management Science, 1999, 45: 1358–1399.

[124] Tsay A, Lovejoy W. Quantity flexibility contracts and supply chain performance. Manufacturing and service operations management, 1999, 1 (2): 89–111.

[125] Bassok Y, Anupindi R. Analysis of supply contracts with commitments

and flexibility. Naval Research Logistics, 2008, 55（5）: 459–477.

［126］何勇，杨德礼. 需求与价格具有相关性下的弹性数量契约模型研究. 预测，2005, 24（2）: 38–41.

［127］马士华，周俊杰. 具有时间柔性的动态数量弹性契约模型. 商品储运与养护，2007, 29（2）: 1–4.

［128］Spengler J J. Vertical integration and antitrust policy. The Journal of Political Economy. 1950, 58（4）: 347–352.

［129］Larivieer M A. Supply Chain Contracting and Coordination with Stochastic Demnad. Quantitative Model for Supply Chain Management. Boston : Kluwer Academic Publishesr, 1999 : 233–268.

［130］Lariviere M A, Porteus E. Selling to the newsvendor : an analysis of price–only contracts. Manufacturing and Service Operations Management, 2001, 3（4）: 293–305.

［131］于辉，陈剑，于刚. 批发价契约下的供应链应对事件. 系统工程理论与实践，2006, 26（8）: 33–41.

［132］王军,储胜. 供应链中批发商和零售商的批发价格模型. 物流技术，2005, 4 : 51–53.

［133］Seiferta R W, Thonemannb U M, Siekeb M A. Integrating Direct and Indirect Sales Channels Under Decentralized Decision–making. International Journal of Production Economics, 2006, 103（2）: 209–229.

［134］Kurata H, Yao D Q, Liu J J. Pricing PoliciesunderDirectVS Indirect Channel Competition and National vs Store Brand Competition. European Journal of Operational Research, 2007, 180（1）: 262–281.

［135］Pasternack B. Optimal Pricingand Return Policies for Perishable Commodities. Marketing Science, 1985, 4（2）: 166–176.

［136］Padmanabhan V, Png I. Returns policies : an under appreciated marketing variable. Stanford Graduate School of Business, 1993.

［137］Emmons H, Gilbert S M. Note : the role of returns policies in pricing and inventory decisions for catalogue goods. Management science, 1998, 44（2）: 276–283.

［138］Donohue K. Efficient supply contracts for fashion goods with forest updating and two production modes. Management Science, 2000, 46（11）: 1397– 1411.

［139］Taylor A, Taylor. Coordination under channel rebates with sales effort effects. Management Science, 2002, 48（8）: 992–1007.

［140］Tsan M C, Li D, Yan H. Optimal returns policy for supply chain with e–marketplace. International Journal of Production Economics, 2004, 88（2）: 205–227.

［141］叶飞, 李怡娜. 基于 Stackelberg 模型与 Nash 协商模型的供应链回购契约机制研究. 管理工程学报, 2007, 21（3）: 39–43.

［142］Diekson G W. An Analysis of Selection systems and Decision［J］. Journal of Purchasing, 1966,（5）: 5–17.

［143］Weber C A, Current J R, Benton W C. Vender Selcetion Criteria and Methods［J］. European Journal of operation Research, 1991,（50）: 2–18.

［144］Johnson M. Partner Selection in the Agile Environment［A］. Creating the Agile Organization : Models, MetriesandPilot［C］. 4th Annual Conferenee Proeeedings, 1995.

［145］林勇, 马士华. 供应链管理环境下供应商的综合评价选择研究［J］. 物流技术, 2000,（5）.

［146］韩文秀. 供应商选择准则与方法［J］. 科技与管理. 2001,（1）: 69–73.

［147］马祖军. 基于遗传算法的供应链联盟伙伴选择［J］. 系统工程理论与实践. 2003,（9）.

［148］Eeckhoudt L, Gollierl C, Scblesinger H. The risk–averse（and prudent）newsboy. Management Science, 1995, 41 : 786–794.

［149］Tsay A. A Risk sensitivity in distribution channel partnerships :

implications for manufacturer return policies. Journal of Retailing, 2002, 78：147-160.

［150］Agrawal V, Seshadri S. Impact of uncertainty and risk aversion on price and order quantity in the newsvendor problem. Manufacturer & OperationsManagement, 2000, 2（4）：410-423.

［151］Agrawal V, Seshadril S. Risk intermediation in supply chains. IIE Transactions, 2000（32）：819-831.

［152］Clark A J, Scarf H. Optimal Policies for a Multi-echelon Inventory Problem. Management Science, 1960, 6：475-490.

［153］叶飞. 含风险规避者的供应链收益共享契约机制研究. 工业工程与管理, 2006, 4：50-53.

［154］于春云，赵希南，彭艳东，潘德惠. 具有风险规避者和偏爱者加盟的供应链优化与协调模型. 系统工程. 2007, 25（1）：13-20.

［155］林强，叶飞，陈晓明. 随机弹性需求条件下基于 CvaR 与收益共享契约的供应链决策模型. 系统工程理论与实践, 2011, 31（11）：2296-2307.

［156］Kahneman D, Tversky A. Prospect Theor：An Analysis of Decision under Risk. Econometrica, 1979, 47：263-292.

［157］Wang X, Webster S. Channel coordination for a supply chain with a risk-neutral manufacturer and a loss-averse retailer. Decision Sciences,2007,38(3)：361-389.

［158］Wang X, Webster S. The loss-averse newsvendor problem. Omega, 2009, 37（1）：93-105.

［159］Shi K, Xiao T. Coordination of a supply chain with a loss-averse retailer under two types of contracts. Information and Decision Sciences. 2008, 1（1）：5-23.

［160］王虹，周晶. Loss-averse 零售商参与的供应链协调机制研究. 统计与决策, 2009,（3）：180-182.

［161］孙玉玲，周晶，王虹. 损失规避型制造商的契约机制研究. 软科学, 2010, 24（6）：106-110.

[162] Mahajan S, Ryzin G V. Inventory competition under dynamic consumer choice. Operations research, 2002, 49（5）: 646–657.

[163] Matthew R, Richard T. Risk aversion. Journal of Economic Perspectives, 2001, 15（1）: 219–232.

[164] Gary E B, Elena K. Learning by Doing in the Newsvendor Problem: A Laboratory Investigation of the Role of Experience and Feedback. Manufacturing & Service Operations Management, 2008, 10: 519–538.

[165] PAUL S. With agility and adequate partnership strategies towards effective logistics networks. Computer in Industry, 2000, 42: 33–42.

[166] David Hicks. Supporting Personalization and Customization in a Collaborative Setting. Computers in Industry, 2003, 52（3）: 71–79.

[167] Holt C C, Modigliani F, Muth J F, Simon H A. Planning production, inventories, and work force. Englewood Cliffs: Prentice–Hall, 1960.

[168] X Chen, Y Y Feng, M F Keblis, J J Xu. Optimal inventory policy for two substitutable products with customer service objectives. European Journal of Operational Research, 2015, 241（1）: 76–85.

[169] Allais M. Le Comportement de l'homme Rationnel Devant le Risque: Critique des Postulats et Axiomes de l'ecole Americaine. Econometrica, 1953, 21: 503–546.

[170] Ellsberg D. Risk, Ambiguity and Savage Axioms. Quarterly Journal of Economics, 1961, 75（4）: 643–669.

[171] Hadar, J and W. Russell. Rules for Ordering Uncertain Prospects. The American Economic Review, 1969, 59: 25–34.

[172] Hanoch G H, Levy. The Efficiency Analysis of Choices Involving Risk. Review of Economic Studies, 1969, 36: 335–346.

[173] Quirk J P, R Saposnik. Admissibility and Measurable Utility Functions. Review of Economic Studies, 1962, 29: 140–146.

[174] Rothschild M, J E Stiglitz. Increasing risk: I. A Definition. Journal

of Economic Theory, 1969, 2 : 225–243.

［175］Lehmann E. Ordered Families of Distributions. Annals of MathematicalStatistics, 1955, 26 : 399–419.

［176］Ogryczak W, A Ruszczynski. On Consistency of Stochastic Dominance and Mean–Semideviation Models. Mathematical Programming, 2001, 89 : 217–232.

［177］Charnes A, W W Cooper and G H Symonds. Cost Horizons and Certainty Equivalents : An Approach to Stochastic Programming of Heating Oil, Management Science, 1958, （4）: 235–263.

［178］Prekopa A. On Probabilistic Constrained Programming. Proceedings of the Princeton Symposium on Mathematical Programming, Princeton University Press, Princeton, New Jersey, 1970, 113–138.

［179］Harry Markowitz. Portfolio Selection［M］. The Journal of Finance, 1952, （3）: 77–91.

［180］刘咏梅，彭民，李立. 基于前景理论的订货问题. 系统管理学报, 2010, 19（5）: 481–490.

［181］Yue X, Raghunathan S. The impacts of the full return spolicy on a supply chain with information asymmetry. European JournalofOperationalResearch, 2007, 180（2）: 630–647.

［182］姚忠. 风险约束下退货合同对供应链协调性分析. 管理科学学报, 2008, 11（3）: 96–105.

［183］R B Handfield, D R Krause, T V Scannell, R M Monczka. Avoid the pitfalls in supplier development. Sloan Management Review, 2000, 41 : 37–49.

［184］Dyer J H, Hatch N W. Using Supplier Networks to Learn Faster. Sloan Management Review, 2004, （3）: 57–63.

［185］Batson R G. A Survey of Best Practices in Automotive Supplier Development. International Journal of Automotive Technology & Management, 2008. 8（2）: 129–144.

［186］Leendere M R. Supplier Development. Journal of Purchasing, 1966, 2（4）：47-62.

［187］Krause D R, Handfield R B, Scannell T V. An Empirical Investigation of Supplier Development：Reactive and Strategic Processes. Journal of Operations Management, 1998, 17（1）：39-58.

［188］Dyer J H, Singh H. The Relational View：Cooperative Strategy and Sources of Interorganizational Competitive Advantage. Academy of Management Review, 1998,（4）：660-679.

［189］Srinivas Talluri, Ram Narasimhan, Wenming Chung. Manufacturer cooperation in supplier development under risk. European Journal of Operational Research, 2010, 207：165-173.

［190］Markus Glaser, Martin Weber. Why inexperienced investors do not learn：They do not know their past portfolio performance. Finance Research Letters, 2007,（4）：203-216.

［191］Stephanie Curcuru, John Heaton, Deborah Lucas and Damien Moor. Heterogeneity and Portfolio Choice：Theory and Evidence, working paper, 2004.

［192］Markowitz H. Portfolio selection. Journal of Finance, 1952, 7：77-91.

［193］Carr A S, Pearson J N. The Impact of Purchasing and Supplier Involvement on Strategic Purchasing and Its Impact on Firm's Performance. International Journal of Operations &Production Management, 2002,（9）：32-53.

［194］Tan K C, Kannan V R, Handfield R B. Supply Chain Management：Supplier Performance and Firm Performance. International Journal of Purchasing & Materials Management, 1998,（3）：2-9.